LANGENSCHEIDTS KURZLEHRBUCH

30 Stunden Spanisch für Anfänger

Von

JOSÉ COSGAYA

LANGENSCHEIDT
BERLIN · MÜNCHEN · WIEN · ZÜRICH · NEW YORK

Alle Lesetexte dieses Lehrbuches wurden auf einer Cassette aufgenommen, die gesondert im Buchhandel erhältlich ist.
(Best.-Nr. 83134)

Titelfoto: Fotoagentur España
(Ansicht von Olvera, eines der „weißen Dörfer" in Andalusien)

| *Auflage: 9. 8. 7. 6.* | *Letzte Zahlen* |
| *Jahr: 1997 96 95* | *maßgeblich* |

© 1986 by Langenscheidt KG, Berlin und München
Druck: Druckhaus Langenscheidt, Berlin-Schöneberg
Printed in Germany · ISBN 3-468-28342-3

Vorwort

Das vorliegende Buch „30 Stunden Spanisch für Anfänger" stellt eine in sich abgeschlossene Einführung in die spanische Sprache dar. Es soll dem Lernenden ermöglichen, rasch in die fremde Sprache einzudringen.

Den „30 Stunden" oder Lektionen ist eine Einführung in die Aussprache vorangestellt. Die Dialoge der ersten 2 Lektionen sowie alle in den ersten 5 Lektionen aufgeführten Vokabeln erscheinen in der Internationalen Lautschrift. Gleichzeitig steht eine Hör-Cassette mit der Aufnahme der Lektionstexte zur Verfügung, so daß Sie mit den Besonderheiten der spanischen Lautung auf instruktive und sichere Weise vertraut gemacht werden.

Die Texte im Eingangsteil **A** jeder Lektion geben einen Einblick in den spanischen Alltag und vermitteln das sprachliche Rüstzeug, um die Situationen, auf die Sie als Tourist oder bei einem längeren Aufenthalt im Lande stoßen, sprachlich bewältigen zu können; alle Dialoge und Lektüreteile sind in einem natürlichen und spontanen Spanisch abgefaßt.

Bei der Auswahl der Themen und Situationen boten die Zertifikatsbestimmungen des Deutschen Volkshochschulverbandes eine wertvolle Grundlage.

In jeder Lektion findet sich ein Grammatikteil **B**, in dem die sprachlichen Erscheinungen der Texte erklärt und durch Tabellen, Regeln und Anwendungsbeispiele veranschaulicht werden. Das hier Gelernte wird im Übungsteil **C** geprüft und gefestigt.

Weiter gehört ein ausführliches spanisch-deutsches Vokabelverzeichnis **D** zu jeder Lektion.

Im Eingangsteil des Buches findet sich eine ausführliche Darstellung des lateinamerikanischen Sprachgebrauchs. Lexikalische Besonderheiten wie auch Abweichungen in Aussprache und Rechtschreibung werden instruktiv erläutert. Der Anhang enthält ein ausführliches Sachregister, das sich insbesondere beim Nachschlagen grammatischer Einzelfragen als nützlich erweisen wird, sowie einen **Schlüssel** für den Übungsteil **C**.

Eine langjährige Lehrererfahrung im Bereich des Spanischen als Fremdsprache hat den Autor bei der Bearbeitung dieses Buches geleitet. Verfasser und Verlag hoffen, daß es sich auch in seiner neuen Gestaltung viele Freunde erwerben wird.

VERFASSER UND VERLAG

Inhaltsverzeichnis

Aussprache des Spanischen 7
Die Vokale 7
Die Diphthonge 7
Die Konsonanten 7

Erläuterungen zur Lautschrift 9
Vokale 9
Konsonanten 10

Schreibung des Spanischen 11
Betonung – Akzent 11
Silbentrennung 11

Amerikanisches Spanisch 12

1. A **Un poco especial** 15
   B Erläuterungen: Der Artikel 15

2. A **La cita** 18
   B Erläuterungen: Das Genus der Substantive 18
   Die Pluralbildung 19

3. A **Su coche ideal** 22
   B Erläuterungen: Das Adjektiv 23

4. A **La objetividad** 27
   B Erläuterungen: Präsens der regelmäßigen Verben 28
   Das Personalpronomen im Nominativ 29

5. A **¿En coche o a pie?** 32
   B Erläuterungen: Verben mit besonderen Unregelmäßigkeiten 32
   Deklination des Substantivs 33

6. A **Estamos bien, gracias. ¿Y Vd.?** 36
   B Erläuterungen: ser – estar – hay 36
   Demonstrativpronomen 38

7. A **Esto no puede ser** 41
   B Erläuterungen: Verben mit Unregelmäßigkeiten im Präsens 41
   Gebrauch und Wegfall des Artikels 42

8. A **Por favor, ¿qué hora es?** 45
   B Erläuterungen: Die Grundzahlen 46
   Die Ordnungszahlen 47
   Die Uhrzeit 48
   Die Monate des Jahres 48

9. A ¿**No pasa realmente nada?** 51
   B Erläuterungen: Die Negation 51

10. A **Eso ya lo sabes tú** 55
    B Erläuterungen: Personalpronomen im Dativ und Akkusativ 55
      Verben mit Unregelmäßigkeiten im Präsens 58

11. A **Se aburre como un tonto** 60
    B Erläuterungen: Reflexive Verben und Personalpronomen 61
      Stellung der unbetonten Personalpronomen beim Infinitiv 63
      Verben mit Unregelmäßigkeiten im Präsens 63

12. A **En el cine** 66
    B Erläuterungen: Die Präpositionen a–en, para–por in ihren
      wichtigsten Anwendungen 67

13. A **¿Pasaporte, por favor?** 71
    B Erläuterungen: Die Possessivpronomen 72
      Das Personalpronomen nach Präpositionen 73
      Verben mit Unregelmäßigkeiten im Präsens 74

14. A **El sentido práctico** 77
    B Erläuterungen: Vergleichs- und Steigerungsformen des Adjektivs 78
      Verben mit Unregelmäßigkeiten im Präsens 80

15. A **El progreso llama al progreso** 82
    B Erläuterungen: Das Adverb 83
      Vergleichs- und Steigerungsformen des Adverbs 84
      Verben mit Unregelmäßigkeiten im Präsens 85

16. A **La pelea** 88
    B Erläuterungen: Zusammengesetzte Formen der unbetonten
      Personalpronomen 89
      Verben mit Unregelmäßigkeiten im Präsens 90

17. A **La campaña electoral** 93
    B Erläuterungen: Die Interrogativpronomen 94
      Die Relativpronomen 95
      Verben mit Unregelmäßigkeiten im Präsens 97

18. A **¿Ha sido algo importante?** 99
    B Erläuterungen: Das Perfekt. Das Partizip Perfekt 100
      Verben mit Unregelmäßigkeiten im Präsens 102

19. A **Tendrán buen vino, ¿verdad?** 105
    B Erläuterungen: Futur I und Futur II 106
    Konditional I und II 108
    Verben mit Unregelmäßigkeiten im Präsens 109

20. A **Una gira por Sudamérica** 111
    B Erläuterungen: Das historische Perfekt 112
    Verben mit Unregelmäßigkeiten im Präsens 115

21. A **Pasa lo que pasaba antes** 117
    B Erläuterungen: Das Imperfekt 118
    Das Plusquamperfekt 120
    Verben mit Unregelmäßigkeiten im Präsens 120

22. A **Otro canario que pasó el siglo de edad** 123
    B Erläuterungen: Historisches Perfekt und Imperfekt 124

23. A **Buscando un libro** 127
    B Erläuterungen: Das Gerundium 128
    Verben mit Unregelmäßigkeiten im Präsens 131

24. A **Espero que le guste** 133
    B Erläuterungen: Präsens Konjunktiv 134

25. A **El transporte colectivo** 138
    B Erläuterungen: Präsens Konjunktiv, weitere Anwendungen 138

26. A **Si no tuviese tanta prisa** 143
    B Erläuterungen: Imperfekt Konjunktiv 144
    Plusquamperfekt Konjunktiv 146
    Verben mit Unregelmäßigkeiten im Präsens 146

27. A **Practique su español** 149
    B Erläuterungen: Der Imperativ 150
    Verben mit Unregelmäßigkeiten im Präsens 151

28. A **La entrevista no estaba programada** 154
    B Erläuterungen: Das Passiv 155

29. A **Lo que un extranjero ha dicho sobre los españoles** 159
    B Erläuterungen: Der Infinitiv 159
    Verben mit Unregelmäßigkeiten im Präsens 162

30. A **Lo que algunos españoles piensan sobre sí mismos** 164
    B Erläuterungen: Die Zeitenfolge 165

Schlüssel zu den Übungen 169

Die grammatischen Fachausdrücke und ihre Erklärung 178

Sachregister 180

Aussprache des Spanischen

Die Aussprachebezeichnung ist in der Lautschrift der Association Phonétique Internationale wiedergegeben.

Die Vokale

Die spanischen Vokale werden weder extrem offen noch extrem geschlossen, weder sehr lang noch sehr kurz gesprochen. Sie sind von mittlerer Dauer, also **halblang** zu sprechen. Unbetonte Vokale haben dieselbe Klangfarbe wie die betonten, nur ist die Tonstärke geringer; das e in tonlosen Endsilben darf also nicht dumpf gesprochen werden wie das deutsche e in ,,bitte, badet".

Die Diphthonge

Bei den Diphthongen **ai, ay, au, ei, ey, eu, oi, oy** und **ou** behält jeder Vokal seinen vollen Lautwert. Sie werden wie zwei getrennte Vokale, jedoch dabei verschliffen, nicht abgehackt gesprochen. Das i bzw. y und das u bilden den unbetonten Teil des Diphthongs; der Ton liegt auf den Vokalen a, e und o (*fallender Diphthong*): baile [ˈbai̯le] *Tanz*, hay [ai̯] *es gibt*, causa [ˈkau̯sa] *Ursache*, peine [ˈpei̯ne] *Kamm*, ley [lɛi̯] *Gesetz*, deuda [ˈdeu̯ða] *Schuld*, boina [ˈbɔi̯na] *Baskenmütze*, soy [sɔi̯] *ich bin*, Port Bou [bou̯] (*Ort in Katalonien*).
Bei den Diphthongen **ia, ie, io, ua, ue, uo, iu** und **ui** wird der zweite Teil des Diphthongs betont, während i• und u unbetont bleiben (*steigender Diphthong*): piar [piˈar] *piepen*, pieza [ˈpi̯eθa] *Stück*, piojo [ˈpi̯oxo] *Laus*, cuadro [ˈku̯aðro] *Bild*, cuenca [ˈku̯eŋka] *Becken*, cuota [ˈku̯ota] *Quote*, miura [ˈmi̯ura] *Kampfstier*, cuita [ˈku̯ita] *Sorge*.

Die Konsonanten

b wird im absoluten Anlaut sowie nach m wie deutsches b in ,,Baum" gesprochen: bueno [ˈbu̯eno] *gut*, blanco [ˈblaŋko] *weiß*, también [tamˈbi̯en] *auch*.
Zwischen Vokalen sowie vor und nach Konsonanten (außer m) wird b als stimmhafter, mit beiden Lippen gebildeter (bilabialer) Reibelaut gesprochen: escribir [eskriˈbir] *schreiben*, abuelo [aˈbu̯elo] *Großvater*, cubrir [kuˈbrir] *bedecken*, árbol [ˈarbɔl] *Baum*.

c wird im absoluten Anlaut vor den dunklen Vokalen **a, o, u** sowie vor **Konsonanten** wie deutsches k in ,,Käfig" (jedoch ohne Behauchung!) gesprochen: casa [ˈkasa] *Haus*, cola [ˈkola] *Schwanz*, cuña [ˈkuɲa] *Keil*, clavo [ˈklabo] *Nagel*, cruz [kruθ] *Kreuz*. Vor den hellen Vokalen **e** und **i** dagegen wird c als stimmloser Lispellaut etwa wie englisches stimmloses th in ,,thing" gesprochen: centro [ˈθentro] *Mitte*, cinco [ˈθiŋko] *fünf*.

ch wird wie **tsch** in „Pritsche" gesprochen: chico [ˈtʃiko] *Junge*, mucho [ˈmutʃo] *viel*.

d wird im absoluten Anlaut sowie nach l und n wie deutsches **d** in „Dorf" gesprochen: dólar [ˈdolar] *Dollar*, droga [ˈdroga] *Droge*, caldera [kalˈdera] *Kessel*, cuando [ˈkŭando] *als*. In allen übrigen Fällen — besonders zwischen Vokalen — wird d als stimmhafter Reibelaut ähnlich dem englischen stimmhaften th in „other" gesprochen: nada [ˈnaða] *nichts*, padre [ˈpaðre] *Vater*. Im Wortauslaut wird d nur schwach artikuliert, oder es verstummt ganz: Madrid [maˈðri⁽ᵈ⁾], amabilidad [amabiliˈða⁽ᵈ⁾] *Liebenswürdigkeit*.

g wird im absoluten Anlaut vor den dunklen Vokalen **a, o, u**, vor **Konsonanten** sowie nach n wie deutsches **g** in „Gast" (jedoch ohne Behauchung!) gesprochen: ganancia [gaˈnanθĭa] *Gewinn*, golpe [ˈgɔlpe] *Schlag*, gusto [ˈgusto] *Geschmack*, gloria [ˈglorĭa] *Ruhm*, grado [ˈgraðo] *Grad*, tengo [ˈtengo] *ich habe*. Zwischen Vokalen sowie vor **Konsonanten** wird g als stimmhafter Reibelaut wie das deutsche g in „Regel" gesprochen: agua [ˈagŭa] *Wasser*, regalo [rrɛˈgalo] *Geschenk*, signo [ˈsigno] *Zeichen*, alegre [aˈlegre] *fröhlich*. Vor den hellen Vokalen **e** und **i** wird g wie **ch** in „Dach" gesprochen: gente [ˈxente] *Leute*, giro [ˈxiro] *Kreislauf*.

h ist immer **stumm**.

j wird wie g vor den hellen Vokalen e und i gesprochen, also wie **ch** in „Dach": jabón [xaˈbɔn] *Seife*, jefe [ˈxefe] *Chef*, jinete [xiˈnete] *Reiter*, joven [ˈxoben] *jung*, junta [ˈxunta] *Versammlung*.

ll stellt eine Verschmelzung von **l** + **j** zu einem Einheitslaut dar, ähnlich der deutschen Endung -lie in „Familie": calle [ˈkaʎe] *Straße*, Mallorca [maˈʎɔrka], Sevilla [seˈbiʎa].

n wird meist wie deutsches n gesprochen (nadie [ˈnaðĭe] *niemand*, mano [ˈmano] *Hand*), vor den Lippenlauten b, p, f, v dagegen wie **m**: un balón [um baˈlɔn] *ein Ball*, un pie [um pĭe] *ein Fuß*, enfermo [emˈfɛrmo] *krank*, tranvía [tramˈbia] *Straßenbahn*.

ñ wird wie die französische Konsonantenverbindung gn in „Champagner" gesprochen: España [esˈpaɲa], niño [ˈniɲo] *Kind*.

qu kommt nur vor den hellen Vokalen **e** und **i** vor und wird wie deutsches **k** in „Keim" (jedoch ohne Behauchung!) gesprochen: quedar [keˈðar] *bleiben*, quinta [ˈkinta] *Landhaus*.

r ist im absoluten Anlaut sowie nach l, n und s ein **stark gerolltes Zungenspitzen-r** (rascar [rrasˈkar] *kratzen*, alrededor [alrreðeˈðɔr] *ringsherum*, honra [ˈɔnrra] *Ehre*, israelí [izrraeˈli] *Israeli*); ebenso **rr** (perro [ˈpɛrro] *Hund*). In allen übrigen Fällen ist r ein **einmalig gerolltes Zungenspitzen-r**: señor [seˈɲɔr] *Herr*, tres [tres] *drei*, cuatro [ˈkŭatro] *vier*.

s wird in der Regel, vor allem zwischen Vokalen, **scharf** (stimmlos) wie in „Messer" gesprochen: casa [ˈkasa] *Haus,* sol [sɔl] *Sonne,* asi [aˈsi] *so.* Vor den stimmhaften Konsonanten b, d, g, l, m, n, r und v dagegen wird s **weich** (stimmhaft): Lisboa [lizˈboa] *Lissabon,* desde [ˈdezđe] *seit,* mismo [ˈmizmo] *selbst.*

v wird im absoluten Anlaut wie deutsches **b** in „Baum" gesprochen: vino [ˈbino] *Wein,* voz [bɔθ] *Stimme.* Zwischen Vokalen sowie nach Konsonanten, außer nach **n** oder **m** wird v als stimmhafter, mit beiden Lippen gebildeter (bilabialer) Reibelaut gesprochen: grave [ˈgrabe] *schwer,* calva [ˈkalba] *Glatze,* Cervantes [θɛrˈbantes].

x wird vor Vokalen meist wie **gs** gesprochen (éxito [ˈɛgsito] *Ausgang,* examen [ɛgˈsamen] *Prüfung*), vor Konsonanten meist als **stimmloses s**: exclamar [esklaˈmar] *ausrufen,* extremo [esˈtremo] *äußerst.*

y wird am Wortende wie **i** gesprochen (hay [aĭ] *es gibt,* rey [rrɛĭ] *König*), in allen übrigen Fällen als Konsonant wie **j**: ayer [aˈjɛr] *gestern,* yugo [ˈjugo] *Joch.*

z wird vor stimmhaften Konsonanten als stimmhafter Lispellaut ähnlich dem englischen stimmhaften th in „other" gesprochen: juzgado [xuðˈgaᵈo] *Gerichtshof.* In allen anderen Fällen wird z wie c vor den hellen Vokalen e und i gesprochen, also als stimmloser Lispellaut wie englisches th in „thing": Zaragoza [θaraˈgoθa], vez [beθ] *Mal,* Velázquez [beˈlaθkeθ].

Erläuterungen zur Lautschrift

Der Akzent (ˈ) wird bei zwei- und mehrsilbigen Wörtern vor die betonte Silbe gesetzt. Einsilbige Wörter erhalten keinen Akzent.

Vokale

[a] kurzes helles a wie in Abend: mano [ˈmano] *Hand*
[ɛ] kurzes offenes e wie in ändern: llover [ʎoˈbɛr] *regnen*
[e] kurzes halboffenes e wie in essen: meseta [meˈseta] *Hochfläche*
[i] reines geschlossenes i wie in hier: mina [ˈmina] *Bergwerk*
[ĭ] unbetonter Teil des Doppellauts [aĭ] wie in Saite: baile [ˈbaĭle] *Tanz*

unbetonter Teil des Doppellauts [ɛĭ] wie in hebräisch: peine ['pɛĭne] *Kamm*
unbetonter Teil des Doppellauts [ɔĭ] wie in heute: boina ['bɔĭna] *Baskenmütze*
[ɔ] kurzes offenes o wie in Wolle: ojo ['ɔxo] *Auge*
[o] kurzes halboffenes o wie in Norden: oficina [ofi'θina] *Büro*
[u] reines geschlossenes u wie in Huhn: pluma ['pluma] *Feder*
[ŭ] unbetonter Teil des Doppellauts [ɛŭ] wie in Jubiläum: deuda ['dɛŭđa] *Schuld*

Konsonanten

[b] deutsches b wie in Bad: bola ['bola] *Kugel*
[b̦] stimmhafter, mit beiden Lippen gebildeter Reibelaut: escribir [eskri'b̦ir] *schreiben*
[d] deutsches d wie in dann: donde ['donde] *wo*
[đ] stimmhafter Reibelaut, ähnlich dem englischen stimmhaften th in other: nada ['nađa] *nichts*
[ᵈ] hochgestellt: derselbe Laut, jedoch sehr schwach: usted [us'teᵈ] *Sie*
[⁽ᵈ⁾] hochgestellt: derselbe Laut, jedoch in der Umgangssprache verstummt: ciudad [θĭu'đa⁽ᵈ⁾] *Stadt*
[f] deutsches f wie in Fall: favor [fa'bɔr] *Gunst*
[g] deutsches g wie in Golf: gusto ['gusto] *Geschmack*
[g̦] stimmhafter Reibelaut wie in Pegel: agua ['ag̦ŭa] *Wasser*
[x] wie ch in Dach: gerente [xe'rente] *Geschäftsführer*; jefe ['xefe] *Chef*
[j] deutsches j wie in jeder: yema ['jema] *Eigelb*
[k] deutsches k wie in kalt: casa ['kasa] *Haus*
[l] deutsches l wie in Lampe: leche ['letʃe] *Milch*
[ʎ] mouilliertes l ähnlich wie in Familie: capilla [ka'piʎa] *Kapelle*
[m] deutsches m wie in Magen: miel [mĭɛl] *Honig*
[n] deutsches n wie in nie: naranja [na'raŋxa] *Apfelsine*
[ɲ] wie gn in Champagner: España [es'paɲa] *Spanien*
[ŋ] wie deutsches n vor g oder k in Menge oder Anker: tengo ['teŋgo] *ich habe*
[p] deutsches p wie in Puppe: pastas ['pastas] *Gebäck*
[r] Zungen-r: señor [se'ɲɔr] *Herr*
[rr] stark gerolltes Zungen-r: espárragos [es'parrag̦os] *Spargel*
[s] scharfes s wie in Messer: casa ['kasa] *Haus*
[z] weiches s wie in Sonne: mismo ['mizmo] *selbst*
[t] deutsches t wie in Tor: nata ['nata] *Sahne*
[θ] stimmloser Lispellaut wie th in englisch thing: cinco ['θiŋko] *fünf*; zapato [θa'pato] *Schuh*
[ð] stimmhafter Lispellaut wie th in englisch there: juzgado [xuð'g̦aᵈo] *Gerichtshof*
[tʃ] t mit deutschem sch wie in Pritsche: mucho ['mutʃo] *viel*

Schreibung des Spanischen

Betonung — Akzent

1. Mehrsilbige Wörter, die auf einen **Vokal, n** oder **s** enden, werden auf der **vorletzten** Silbe betont (porque *weil*, joven *jung*, Carmen, naciones *Völker*, Carlos).
2. Mehrsilbige Wörter, die auf einen **Konsonanten** (außer n und s) oder auf y enden, werden auf der **letzten** Silbe betont (español *spanisch*, ciudad *Stadt*, señor *Herr*, estoy *ich bin*).
3. Ausnahmen von diesen beiden Regeln (somit auch alle auf der **drittletzten** Silbe betonten Wörter) werden durch einen **Akzent** (´) gekennzeichnet (está *er ist*, nación *Volk*, francés *französisch*, Velázquez, fábrica *Fabrik*, época *Zeit*, Málaga, Córdoba, Lérida).
4. Eine Anzahl einsilbiger Wörter wird mit Akzent geschrieben, um sie von gleichlautenden Wörtern mit anderer Bedeutung zu unterscheiden (tú *du* — tu *dein*, él *er* — el *der*, sí *ja* — si *wenn*).
5. Fragewörter werden mit Akzent geschrieben (¿cómo? *wie?*, ¿cuándo? *wann?*, ¿dónde? *wo?* ¿quién? *wer?*).

Silbentrennung

Für die Silbentrennung gelten im Spanischen folgende Regeln:

1. **Ein einfacher Konsonant** zwischen zwei Vokalen gehört zur folgenden Silbe (di-ne-ro, Gra-na-da).
2. **Zwei Konsonanten** werden getrennt (miér-co-les, dis-cur-so). Ist der zweite Konsonant jedoch ein l oder r, so gehören beide zur folgenden Silbe (re-gla, nie-bla; po-bre, ca-bra). Auch ch, ll und rr gehören zur folgenden Silbe (te-cho, ca-lle, pe-rro).
3. Bei **drei Konsonanten** gehören die beiden letzten (meist l oder r) zur folgenden Silbe (ejem-plo, siem-pre). Ist der zweite Konsonant jedoch ein s, so wird hinter dem s getrennt (cons-tan-te, ins-ti-tu-to).
4. Bei **vier Konsonanten** — der zweite ist meist ein s — wird in der Mitte getrennt (ins-tru-men-to).
5. **Diphthonge** (Doppellaute) und **Triphthonge** (Dreilaute) dürfen nicht getrennt werden (bien, buey); getrennt dagegen werden Vokale, die verschiedenen Silben angehören (frí-o, acre-e-dor).
6. **Zusammengesetzte Wörter** — auch mit Vorsilben gebildete — werden entsprechend ihrer Herkunft getrennt (des-ali-ño, dis-culpa, re-fle-ja-ban).

Amerikanisches Spanisch

Das in Amerika gesprochene Spanisch weist eine Reihe zum Teil gemeinsamer, zum Teil von Land zu Land abweichender Besonderheiten gegenüber dem europäisch-spanischen Sprachgebrauch auf, während der Schriftgebrauch weitgehende, an der gemeinsamen literarischen Überlieferung orientierte Übereinstimmung zeigt. So wenig es also eines besonderen Lehrbuches des „Amerikanischen Spanisch" bedarf, so wünschenswert erscheint andererseits die Kenntnis der wichtigsten Eigenarten amerikanisch-spanischen Sprachgebrauchs, wie sie in der Aussprache, in der Rechtschreibung, in einigen syntaktischen Eigentümlichkeiten sowie im Wortschatz zutage treten.

Die Aussprache

Für die Aussprache des in Amerika gesprochenen Spanisch wurde es von ausschlaggebender Bedeutung, daß die ersten spanischen Kolonisten zum weitaus größten Teil aus Andalusien und Extremadura stammten. Auch weiterhin war der Zuzug aus diesem Landesteil besonders stark. So ist es nicht verwunderlich, daß die auffallendsten Eigenheiten der andalusischen Aussprache sich nahezu über das gesamte spanische Sprachgebiet Amerikas verbreitet haben. Im einzelnen wäre auf folgende Merkmale hinzuweisen;

1. **c vor e und i** sowie **stimmloses z** werden nicht als stimmloser Lispellaut [θ], sondern als stimmloses s [s] gesprochen. Demzufolge besteht kein Unterschied in der Aussprache von casa *Haus* und caza *Jagd*, coser *nähen* und cocer *kochen*, serrar *sägen* und cerrar *schließen*.

2. **Stimmloses s** und z werden, wenn sie im Auslaut einer Silbe oder eines Wortes stehen, entweder ganz unterdrückt oder zu einem stimmlosen h abgeschwächt: ¿cómo está Vd.? ['komo e'ta u'te]; los fósforos [lo 'fɔforo]; la luz [la lu]. Stimmhafte Konsonanten erfahren bei völliger Unterdrückung eine Dehnung: mismo ['mimmo]; las mujeres [lammu'xɛre]; isla ['illa].

3. **Mouilliertes l** (geschrieben ll) lautet in fast ganz Südamerika wie [j]: caballo [ka'bajo]; calle ['kaje]; lleno ['jeno].
   In Argentinien geht dieser Laut in einen stimmhaften Reibelaut (wie in den Fremdwörtern Etage, Genie usw.) über: [ka'baʒo]; ['kaʒe]; ['ʒeno].

4. **y** im An- und Inlaut wird in Argentinien als stimmhafter Reibelaut (wie in den Fremdwörtern Etage, Genie usw.) gesprochen: ya [ʒa], yo [ʒo], ayer [a'ʒɛr].

Die Rechtschreibung

Unter den spanisch-amerikanischen Staaten hat Chile versucht, den Laut mit dem geschriebenen Buchstaben in größtmögliche Übereinstimmung zu bringen. Gegenüber der amtlichen spanischen Schreibweise ergeben sich folgende Unterschiede:

1. Alle vokalischen **i-Laute**, einschließlich der diphthongischen, werden durch i wiedergegeben: i (*statt* y), hai (*statt* hay), lei (*statt* ley), mui (*statt* muy), estoi (*statt* estoy), hoi (*statt* hoy). Dagegen bleibt konsonantisches j als y erhalten: haya, leyes, cuyo, yo, oyendo.

2. Der Laut [x] wird stets, also auch vor e und i, durch j wiedergegeben: arjentino (*statt* argentino), jeneral (*statt* general), lijero (*statt* ligero), jiro (*statt* giro).

3. **x vor Konsonant** wird durch s ersetzt: estraordinario (*statt* extraordinario), espreso (*statt* expreso), estenso (*statt* extenso), esclusivo (*statt* exclusivo).

Syntaktische Eigentümlichkeiten

Auf syntaktischem Gebiet weist das in Amerika gesprochene Spanisch gewisse Eigentümlichkeiten auf, die zum Teil auf den mündlichen Sprachgebrauch beschränkt sind, zum Teil aber auch im Schriftgebrauch auftreten. Einige der wichtigsten Eigenarten sind:

1. **Vosotros** *ihr* ist nahezu völlig verlorengegangen. Dafür wird **ustedes** gebraucht, auch im engsten Familienkreis.

2. In Argentinien wird die Anredeform **tú** durch **vos** ersetzt, das mit besonderen Pluralformen der zweiten Person verbunden wird: vos fumás (*statt* tú fumas), vos sabés (*statt* tú sabes), vos sos (*statt* tú eres).

3. Der **Imperativ** weist Formen auf wie sentate *setz dich* (mit Betonung auf der zweiten Silbe), das eine Mischform aus siéntate und sentaos darstellt, venite *komm* (< ven + venid), sentite *höre* (< siente + sentid).

4. Die unbetonten persönlichen Fürwörter **lo** bzw. **los** werden im südamerikanischen Sprachgebrauch auch auf Personen bezüglich gebraucht: no lo (los) veo *ich sehe ihn (sie) nicht*.

Wortschatz

Die stärksten Abweichungen zwischen amerikanischem und europäischem Sprachgebrauch finden sich auf dem Gebiet des Wortschatzes. Nachstehend eine kleine Auswahl von Amerikanismen mit spanischer Entsprechung und deutscher Übersetzung:

ají *m*	pimienta *f*	*Pfeffer*
ananá *f*	piña *f*	*Ananas*
angosto	estrecho	*eng*
banana *f*	plátano *m*	*Banane*
baño *m*	servicio *m*	*Toilette*
boletería *f*	taquilla *f*	*Fahrkartenschalter*
boleto *m*	billete *m*	*Fahrkarte*
bomba *f*	gasolinera *f*	*Tankstelle*
carro *m*	coche *m*	*Auto*
creído	orgulloso	*stolz*
cuadra *f*	manzana *f*	*Häuserblock*
chacra *f*	granja *f*	*Farm*
changador *m*	mozo *m*	*Gepäckträger*
chequera *f*	talonario *m*	*Scheckbuch*
chico	pequeño	*klein*
chúcaro	salvaje	*wild*
damasco *m*	albaricoque *m*	*Aprikose*
durazno *m*	melocotón *m*	*Pfirsich*
estampilla *f*	sello *m*	*Briefmarke*
estancia *f*	granja *f*	*Farm*
flojo	perezoso	*faul*
hacendado *m*	ganadero *m*	*Viehzüchter*
hacienda *f*	granja *f*	*Farm*
heladera *f*	nevera *f*	*Kühlschrank*
jugo *m*	zumo *m*	*Saft*
lapicero *m*	bolígrafo *m*	*Kugelschreiber*
malograr	estropear	*kaputtmachen*
manejar	conducir	*fahren* (Auto)
maní *m*	cacahuete *m*	*Erdnuß*
manteca *f*	mantequilla *f*	*Butter*
mesero *m*, **mozo** *m*	camarero *m*	*Kellner*
mucama *f*	criada *f*	*Dienstmädchen*
nafta *f*	gasolina *f*	*Benzin*
papa *f*	patata *f*	*Kartoffel*
rancho *m*	choza *f*	*Hütte*
zapallo *m*	calabaza *f*	*Kürbis*

1. Stunde

Un poco especial   1 A

– Usted, señor, no es español, ¿verdad?
– No, yo soy alemán.
– ¿De dónde es Vd. exactamente?
– Soy de una pequeña ciudad del sur de Alemania.
– Pero comprende bien el español.
– No siempre. Por ejemplo ahora, no comprendo al señor y a la señora que hablan ahí, hablan muy rápidamente.
– Quizá es otro el motivo, tienen una pronunciación un poco especial.
– ¿Hablan los dos español?
– Sí, los dos hablan español; el señor es del sur de España y la señora es de Canarias.
– ¿Es sólo una cuestión de pronunciación?
– Sí, prácticamente sí.
– ¿No hay dialectos en España?
– Sí, también, esto es lo complicado. Pero en el sur de España y en Canarias sólo hay unas palabras diferentes, típicamente regionales. ¿Pasa Vd. las vacaciones en España?
– Sí, unos quince días en el centro y después unas semanas en la costa.

Erläuterungen   1 B

Der Artikel (Geschlechtswort)

1. Der bestimmte Artikel ist männlich **el**, Mehrzahl **los**; weiblich **la**, Mehrzahl **las**.

el señor	*der Herr*	**los** señores	*die Herren*
la señora	*die Dame*	**las** señoras	*die Damen*

2. Der sächliche Artikel **lo** kommt bei „echten" Substantiven (Hauptwörtern) nicht vor, doch bei Adjektiven (Eigenschaftswörtern), Ordnungszahlen und Possessivpronomen (besitzanzeigenden Fürwörtern), die dadurch substantiviert werden.

lo complicado	*das Komplizierte*
lo primero	*das Erste*
lo mío	*das Meinige*

3. a + el wird **al**; de + el wird **del**

al sur	*zum Süden*
del sur	*vom Süden*

4. Der unbestimmte Artikel ist männlich **un**, Mehrzahl **unos**; weiblich **una**, Mehrzahl **unas**.

un día *ein Tag*	**unos** días (*einige*) *Tage*
una semana *eine Woche*	**unas** semanas (*einige*) *Wochen*

5. **unos, unas** vor Zahlwörtern bedeutet „ungefähr".

unos quince días	*ungefähr 15 Tage*

Übungen   1C

1. Setzen Sie el, la *oder* lo *ein:*

... señor, ... señora, ... sur, esto es ... primero, ... centro, ... pronunciación, esto es ... complicado, en ... costa, ... mío es diferente, esto es ... especial.

2. Setzen Sie los *oder* las *ein:*

... días, ... semanas, ... vacaciones, ... señores, ... dialectos, en ... ciudades, ... dos señores, ... señoras, ... cuestiones, ... dos palabras.

3. Setzen Sie un *oder* una *ein:*

... ciudad, ... día, ... poco diferente, ... cuestión, ... poco especial, ... señor, ... señora, ... poco complicado, ... semana, ... motivo.

4. Setzen Sie unos *oder* unas *ein:*

... señores, ... señoras, ... 15 días, ... 15 semanas, ... días, ... motivos, ... palabras, ... dialectos regionales, ... vacaciones diferentes, en la costa hay ... ciudades pequeñas.

5. Verneinen Sie die Sätze nach folgendem Muster:

Beispiel: Vd. es español. Vd. **no** es español.

Vd. comprende bien. – Yo comprendo al señor. – ¿Hablan los dos español? – En el centro hay dialectos. – ¿Pasa Vd. las vacaciones?

Vokabeln   1 D

poco ['poko]	wenig	quizá [ki'θa]	vielleicht
especial [espe'θĩal]	besonders	es otro [es 'otro]	es ist ein anderer
usted no es [us'te⁽ᵈ⁾ no es]	Sie sind nicht	el motivo [el mo'tibo]	Grund
señor/señora [se'ɲɔr/se'ɲora]	Herr/Dame	tienen ['tĩenen]	sie haben
español/-a [espa'ɲɔl/-ola]	spanisch; Spanier(in)	la pronunciación [la pronunθĩa'θĩɔn]	Aussprache
¿verdad? [bɛr'da⁽ᵈ⁾]	nicht wahr?	los dos [los dɔs]	beide
no [no]	nein, nicht	sí [si]	ja
yo soy [jo soi]	ich bin	España [es'paɲa]	Spanien
alemán/alemana [ale'man/-a]	deutsch; Deutsche(r)	Canarias [ka'narĩas]	Kanarische Inseln
¿de dónde? [de 'dɔnde]	woher?	¿es sólo? [es 'solo]	ist es nur?
Vd. = usted [us'te⁽ᵈ⁾]	Sie	la cuestión [la kũes'tĩɔn]	Frage, Sache
exactamente [eɣsakta'mente]	genau	prácticamente ['praktikamente]	praktisch
soy [soi]	ich bin	¿no hay? [no aĩ]	gibt es nicht?
de [de]	von, aus	el dialecto [el dĩa'lekto]	Mundart, Dialekt
la ciudad [la θĩu'da⁽ᵈ⁾]	Stadt	en [en]	in, an, auf
pequeño/-a [pe'keɲo/-a]	klein	también [tam'bĩen]	auch
del sur [del sur]	vom Süden	esto es ['esto es]	das ist
Alemania [ale'manĩa]	Deutschland	lo complicado [lo kompli'kado]	das Komplizierte
pero ['pero]	aber	la palabra [la pa'labra]	Wort
comprende bien [kɔm'prende bĩen]	Sie verstehen gut	diferente [dife'rente]	verschieden
el español [el espa'ɲɔl]	Spanisch, die spanische Sprache	típicamente regional ['tipikamente rexĩo'nal]	typisch regional
siempre ['sĩempre]	immer	¿pasa Vd. las vacaciones? ['pasa us'te⁽ᵈ⁾ las baka'θĩɔnes]	machen Sie Urlaub?
por ejemplo [pɔr e'xemplo]	zum Beispiel		
ahora [a'ɔra]	jetzt	unos quince días ['unos 'kinθe 'dias]	ungefähr 15 Tage
no comprendo al señor y a la señora [no kɔm'prendo al se'ɲɔr i a la se'ɲora]	ich verstehe den Herrn und die Dame nicht	el centro [el 'θentro]	Zentrum
		después [des'pũes]	dann, danach
que hablan [ke 'ablan]	welche sprechen	unas semanas ['unas se'manas]	einige Wochen
ahí [a'i]	da, dort	la costa [la 'kɔsta]	Küste
muy [mũi]	sehr		
rápidamente [rrapida'mente]	schnell		

17

2. Stunde

La cita 2 A

– ¿Qué programa tienen ustedes hoy?
– Mi señora y yo tenemos un programa diferente. Por la mañana yo tengo una entrevista con el director de una revista. Posiblemente tenemos una discusión muy interesante.
    – ¿Es Vd. periodista?
    – Sí, soy corresponsal de un periódico alemán y vivo aquí en Madrid.
    – Entonces, no tiene problemas con el español, ¿verdad?
    – En general, no. Pero mi señora, sí. Por eso toma lecciones particulares todos los jueves y viernes.
    – ¿Es su señora también periodista?
    – No, ella tiene otra profesión, pero aquí no tiene empleo.
    – Mi mujer tampoco. Yo soy empleado de una agencia de viajes. Soy guía de turismo. Los lunes, martes y miércoles estoy libre, y mi mujer tiene interés en ver tiendas, museos, obras de arte y mil cosas más de Madrid.
    – ¿Qué hacen Vds. hoy por la tarde, tienen tiempo libre?
    – Tenemos el plan de ver una película en el Cine Imperial o una obra de teatro en el "Nacional".
    – Una película o una obra de teatro... es una buena idea. ¿Podríamos ir juntos?
    – Sí, claro, con gusto.
    – Entonces, ¿hasta la tarde?
    – Sí, adiós, hasta la tarde.

Erläuterungen 2 B

I. Das Genus der Substantive (das Geschlecht der Hauptwörter)

1. **Maskulin** (männlich) sind fast alle Substantive auf **-o, -ón, -l** und **-r**.

el periódico *Zeitung*	el corresponsal *Korrespondent*
el balcón *Balkon*	el director *Direktor*

2. **Feminin** (weiblich) sind fast alle Substantive auf **-a, -ad, -z** und **-ión**.

la idea	*Idee*	la profesión	*Beruf*
la verdad	*Wahrheit*	la paz	*Friede*

3. Die wichtigsten **Ausnahmen** der von der allgemeinen Regel 1 und 2.

el día	*Tag*	la foto	*Photo*
el mapa	*Landkarte*	la mano	*Hand*
el tranvía	*Straßenbahn*	la radio	*Radio*

4. Die meisten Wörter auf **-ma** sind maskulin und bilden deshalb eine besondere Ausnahmegruppe.

el clima	*Klima*	el problema	*Problem*
el diploma	*Diplom*	el programa	*Programm*
el drama	*Drama*	el sistema	*System*
el enigma	*Rätsel*	el telegrama	*Telegramm*
el idioma	*Sprache*	el tema	*Thema*

5. Wichtige Beispiele für einige Substantive (meist auf **-ista** oder **-te**), die für maskulin und feminin verwendet werden.

el/la artista	*Künstler/in*	el/la estudiante	*Student/in*
el/la turista	*Tourist/in*	el/la intérprete	*Dolmetscher/in*
el/la periodista	*Journalist/in*	el/la presidente	*Präsident/in*
el/la médico	*Arzt/Ärztin*	el/la jefe	*Chef/in*

6. **Weibliche** Substantive, die mit betontem **a** oder **ha** beginnen, bekommen im Singular den Artikel **el** (un), Mehrzahl **las** (unas).

el agua fría	*das kalte Wasser*	el hambre	*Hunger*
las aguas frías	*die kalten Gewässer*		

II. Die Pluralbildung (Mehrzahl)

1. Substantive, die auf einen **Vokal** (Selbstlaut) enden, bilden den Plural durch Anhängen von **-s**.

el periódico	*Zeitung*	los periódicos
la revista	*Zeitschrift*	las revistas

2. Substantive, die auf **Konsonanten** (Mitlaute) enden, bilden den Plural durch Anhängen von **-es** (dabei wird -z zu -ces und -ión zu -iones).

el corresponsal	*Korrespondent*	los corresponsales
el plan	*Plan*	los planes
la luz	*Licht*	las luces
la cuestión	*Frage*	las cuestiones

3. Substantive, die auf **unbetontes -es, -is** oder **-us** enden, bleiben im Plural **unverändert**.

el viernes	*Freitag*	los viernes
la crisis	*Krise*	las crisis
el ómnibus	*Omnibus*	los ómnibus

Übungen 2C

1. Setzen Sie el oder la ein:

el periódico, la radio, la discusión, el turismo, la revista, el balcón, la verdad, el clima, la profesión, el empleo, la mujer, la tienda, el plan, el cine, el agua, el idioma, el hambre, la foto, el problema.

2. Bilden Sie die Mehrzahl:

la mano, la mujer, el corresponsal, la crisis, el tema de la lección, la discusión con el director, la luz del cine, el agua, el periodista, la periodista, el mapa de la ciudad, el plan del señor, el jueves, el problema del estudiante, la estudiante.

3. Bilden Sie Sätze:

Beispiel: el español
– Yo no tengo problemas con el español.

– el director – el empleo – la agencia de viajes – mi mujer – el corresponsal – los periodistas – la revista – el programa – las lecciones – el idioma.

4. Beantworten Sie die Fragen nach folgendem Muster:

Beispiel: ¿Comprende Vd. **la cuestión**?
– Comprendo **las** dos **cuestiones**.

– ¿Comprende Vd. el problema? – ¿Comprende Vd. la entrevista? – ¿Comprende Vd. el plan? – ¿Comprende Vd. la crisis? – ¿Comprende Vd. la cosa? – ¿Comprende Vd. el sistema? – ¿Comprende Vd. la película? – ¿Comprende Vd. el telegrama? – ¿Comprende Vd. la lección? – ¿Comprende Vd. el idioma?

5. Bilden Sie Fragen und Antworten:

Beispiel: el plan/el tema
– ¿Comprende Vd. el plan?
– No, el plan, no. Pero el tema, sí.

– el periódico/la revista – las palabras/la idea – la película/la obra de teatro – el problema/el sistema – el dialecto/el idioma – la cuestión/la lección – el alemán/el español – la discusión/el motivo – lo primero/lo otro.

Vokabeln   2 D

la cita [la ˈθita]	Verabredung
¿qué programa? [ke proˈgrama]	welches Programm?
¿tienen ustedes? [ˈtienen usˈtedes]	haben Sie?
hoy [ɔi]	heute
mi señora y yo tenemos [mi seˈɲora i jo teˈnemos]	meine Frau und ich haben
por la mañana [pɔr la maˈɲana]	am Vormittag
yo tengo [jo ˈteŋgo]	ich habe
la entrevista [la entreˈbista]	Interview
con [kɔn]	mit
el director [el direkˈtɔr]	Direktor
la revista [la rɛˈbista]	Zeitschrift
posiblemente [posibleˈmente]	möglicherweise
tenemos [teˈnemos]	wir haben
la discusión [la diskuˈsĩɔn]	Besprechung
interesante [intereˈsante]	interessant
el periodista [el periɔˈdista]	Journalist
el corresponsal [el kɔrrɛspɔnˈsal]	Korrespondent
el periódico [el peˈriodiko]	Zeitung
vivo [ˈbibo]	ich wohne
aquí [aˈki]	hier
entonces [enˈtɔnθes]	dann, also
no tiene problemas [no ˈtiene prɔˈblemas]	Sie haben keine Probleme
en general [eŋ xeneˈral]	im allgemeinen
pero mi señora, sí [ˈpero mi seˈɲora si]	aber meine Frau schon
por eso [pɔr ˈeso]	deshalb
toma lecciones particulares [ˈtoma lɛɡˈθiōnes partikuˈlares]	sie nimmt Privatunterricht
todos los jueves y viernes [ˈtodos los ˈxuebes i ˈbiɛrnes]	jeden Donnerstag und Freitag
su señora [su seˈɲora]	Ihre Frau
ella tiene [ˈeʎa ˈtiene]	sie hat
la profesión [la profeˈsĩɔn]	Beruf
el empleo [el emˈpleo]	Anstellung
mi mujer [mi muˈxɛr]	meine Frau
tampoco [tamˈpoko]	auch nicht
el empleado [el empleˈado]	Angestellter
la agencia de viajes [la aˈxenθia de ˈbiaxes]	Reisebüro

el guía de turismo [el ˈgia de tuˈrismo]	Fremdenführer
los lunes, martes y miércoles [los ˈlunes, ˈmartes i ˈmiɛrkoles]	jeden Montag, Dienstag und Mittwoch
estoy libre [esˈtoĭ ˈlibre]	ich bin frei
tiene interés en ver [ˈtiene inteˈres em bɛr]	sie interessiert sich zu sehen
la tienda [la ˈtienda]	Laden
el museo [el muˈseo]	Museum
la obra de arte [la ˈobra de ˈarte]	Kunstwerk
mil [mil]	tausend
la cosa [la ˈkosa]	Sache, Ding
más [mas]	mehr
¿qué hacen Vds.? [ke ˈaθen usˈtedes]	was machen Sie?
hoy por la tarde [ɔĭ pɔr la ˈtarde]	heute nachmittag
el tiempo libre [el ˈtiempo ˈlibre]	Freizeit
tenemos el plan de ver [teˈnemos el plan de bɛr]	wir haben vor zu sehen
la película [la peˈlikula]	Film
el cine [el ˈθine]	Kino
la obra de teatro [la ˈobra de teˈatro]	Theaterstück
bueno/-a [ˈbŭeno/-a]	gut
la idea [la iˈdea]	Idee
¿podríamos ir? [poˈdriamos ir]	könnten wir gehen?
juntos [ˈxuntos]	zusammen
sí, claro [si, ˈklaro]	ja, natürlich
con gusto [kɔŋ ˈgusto]	gern
hasta la tarde [ˈasta la ˈtarde]	bis heute nachmittag
adiós [aˈdĭɔs]	auf Wiedersehen

3. Stunde

Su coche ideal 3 A

¿Qué coche tiene Vd.?... ¿Cómo, que no está contento con él, que tiene problemas? Según la propaganda, sólo porque quiere. ¿Por qué no compra Vd. un coche ideal? Nada más sencillo. No necesita más que fijarse en el anuncio siguiente o en otro similar:

"*Antes de comprar su nuevo coche piense en nuestro modelo.*

Estética: la mano maestra de nuestro ingeniero nos ofrece un coche de línea verdaderamente elegante.

Interior: extremadamente cuidado y rico en instrumentos accesorios.

Confort: la comodidad de los asientos y el poco ruido producen una atmósfera agradable y sin igual.

Estabilidad en carretera: es óptima. Los defectos característicos del coche tradicional son prácticamente nulos.

Mecanismo: es muy ligero y preciso.
Motor: fuerte como un toro.
Consumo de gasolina: menor que en otros coches de este tipo.
Precio: barato barato".
¿Qué le parece a Vd.?

Erläuterungen **3 B**

Das Adjektiv (Eigenschaftswort)

1. Das Adjektiv dient zur näheren Bestimmung eines Substantivs.
   Auf **-o** auslautende Adjektive verwandeln in der **weiblichen** Form -o in -a.

un coche bara**to**	*ein billiger Wagen*
una cosa bara**ta**	*ein billiges Ding*

2. Adjektive, die **nicht** auf **-o** enden, bleiben in der weiblichen Form meist **unverändert**.

un hombre/una mujer optimista	*ein/e optimistische/r Mann/Frau*
un tipo/una línea elegante	*ein/e elegante/r Typ/Linie*
un coche/una carretera ideal	*ein/e ideale/r Wagen/Landstraße*
un tema/una palabra común	*ein gewöhnliches Thema/Wort*
un modelo/una propaganda similar	*ein/e ähnliche/s Modell/Werbung*
un señor/una señora cortés	*ein/e höfliche/r Herr/Dame*
un día/una semana feliz	*ein/e glückliche/r Tag/Woche*

3. Wichtige Ausnahme der zweiten Regel: konsonantisch auslautende **Nationalitätsadjektive** bilden die weibliche Form durch Anhängen von **-a**. Dabei geht der Akzent verloren.

un turista alem**án**	*ein deutscher Tourist*
una turista alem**ana**	*eine deutsche Touristin*
un museo español	*ein spanisches Museum*
una ciudad española	*eine spanische Stadt*

4. **Pluralbildung** ist wie beim Substantiv, d. h. durch Anhängen von **-s** bzw. **-es**.

el defecto característico — los defectos característicos
der charakteristische Defekt — *die charakteristischen Defekte*
el motor ideal — los motores ideales
der ideale Motor — *die idealen Motoren*

5. Das Adjektiv richtet sich in **Geschlecht** und **Zahl** nach seinem **Beziehungswort**.

El mecanismo es muy ligero y preciso. *Der Mechanismus ist sehr leicht und genau.*
La estabilidad es óptima. *Die Stabilität ist optimal.*
Los defectos son prácticamente nulos. *Fehler sind praktisch gleich null.*

6. Gehört ein Adjektiv zu **mehreren** Substantiven verschiedenen Geschlechts, so steht es im Plural in der **männlichen** Form.

Las tiendas y **el** museo son muy modernos. *Die Geschäfte und das Museum sind sehr modern.*
No comprendo al señor y a la señora españoles. *Ich verstehe den Spanier und die Spanierin nicht.*

7. Das Adjektiv steht normalerweise nach dem Substantiv. Einige Adjektive wie **gran(de), pequeño, nuevo** und **pobre** ändern ihre Bedeutung, wenn sie vor dem Substantiv stehen. Einige wie **bueno, malo** und **siguiente** können vor dem Substantiv stehen, wobei sie ihre Bedeutung kaum ändern.

Tenemos un **gran** programa. *Wir haben ein gutes Programm.*
Tenemos un programa **grande**. *Wir haben ein breites Programm.*
Soy de una **pequeña** ciudad. *Ich bin aus einer unbedeutenden Stadt.*
Mi ciudad es **pequeña**.. *Meine Stadt ist klein.*
Nuestro **nuevo** modelo es ideal. *Unser modernstes Modell ist ideal.*
Mi coche es muy **nuevo**. *Mein Wagen ist sehr neu.*
Este rico es un **pobre** hombre. *Dieser Reiche ist ein unglücklicher Mensch.*

Hay hombres **pobres** felices. *Es gibt glückliche arme Menschen.*
Tengo una **buena** idea. *Ich habe eine gute Idee.*
Sí, es una idea **buena**. *Ja, es ist eine gute Idee.*
Es un **mal** ejemplo. *Es ist ein schlechtes Beispiel.*
Es un ejemplo **malo**. *Es ist ein schlechtes Beispiel.*

Piense en el anuncio **siguiente**. *Denken Sie an folgende Reklame.*
¿Qué le parece la **siguiente** anéc- *Was sagen Sie zur folgenden*
dota? *Anekdote?*

Übungen 3C

1. Geben Sie eine Erwiderung nach folgendem Muster:

Beispiel: – El coche es muy barato. / gasolina
– Y la gasolina también es muy barata.

El problema es muy sencillo. / cosa – El mecanismo es óptimo. / estabilidad – Yo estoy contento con él. / mi mujer – El ruido es prácticamente nulo. / consumo de gasolina – El anuncio es muy bueno. / propaganda – El ejemplo es muy complicado. / palabra – El modelo es nuevo. / línea – El tipo es muy moderno. / idea – El museo es muy pequeño./ tienda – El periódico es muy malo. / revista

2. Beantworten Sie die Fragen nach folgendem Muster:

Beispiel: – ¿Tiene Vd. coche? / ideal
– Tengo un coche ideal.

¿Tiene Vd. programa? / interesante – ¿Tiene Vd. plan? / sin igual – ¿Tiene Vd. periódico? / importante – ¿Tiene Vd. tema? / muy especial – ¿Tiene Vd. profesión? / muy interesante – ¿Tiene Vd. gasolina? / poco barato/-a – ¿Tiene Vd. radio? / poco bueno/-a – ¿Tiene Vd. comodidad? / grande – ¿Tiene Vd. empleo? / ideal – ¿Tiene Vd. asiento? / agradable

3. Beantworten Sie die Fragen nach folgendem Muster:

Beispiel: – Su coche no es español, ¿verdad? / la agencia
– La agencia tampoco es española.

El periódico no es alemán, ¿verdad? / la revista – El periodista no es americano, ¿verdad? / la periodista – La propaganda no es característica, ¿verdad? / el anuncio – La señora no es optimista, ¿verdad? / el señor – El dialecto no es regional, ¿verdad? / la palabra – La película no es española, ¿verdad? / la obra de teatro – El confort no es muy grande, ¿verdad? / la estabilidad – La línea no es americana, ¿verdad? / el motor – El cine no es español, ¿verdad? / la película – El señor no es feliz, ¿verdad? / la señora

4. Beantworten Sie die Fragen nach folgendem Muster:

Beispiel: – ¿Es un señor español?
– Sí, aquí sólo hay señores españoles.

¿Es un coche ideal? – ¿Es una señora cortés? – ¿Es una lección particular? – ¿Es un instrumento accesorio? – ¿Es un asiento pequeño? – ¿Es un turista alemán? – ¿Es una turista española? – ¿Es una cuestión complicada? – ¿Es un sistema especial? – ¿Es una mujer feliz?

5. Beantworten Sie die Fragen nach folgendem Muster:

Beispiel: – ¿No compra Vd. un coche ideal? / radio y motor
– Un coche ideal, no; pero sí una radio y un motor ideales.

¿No compra Vd. un periódico español? / revista y mapa – ¿No tienen un dialecto regional? / pronunciación y palabras – ¿No tiene una estética agradable? / confort y comodidad – ¿No tiene un interior característico? / asientos y atmósfera – ¿No tiene una idea similar? / plan y programa – ¿No tiene un empleo diferente? / profesión y diploma – ¿No tiene un problema especial? / discusión y cuestión – ¿No tiene una semana libre? / unos días – ¿No tiene una entrevista interesante? / lecciones particulares – ¿No hace un viaje ideal? / vacaciones

Vokabeln 3D

el coche [el ˈkotʃe]	Wagen	**su nuevo coche** [su ˈnŭebo ˈkotʃe]	Ihr neuer Wagen
ideal [ideˈal]	ideal	**piense en** [ˈpiense en]	denken Sie an
¿cómo? [ˈkomo]	wie?	**nuestro/-a** [ˈnŭestro]	unser/-e
¿que no está contento con él? [ke no esˈta kɔnˈtento kɔn el]	Sie sind mit ihm nicht zufrieden?	**el modelo** [el moˈdelo]	Modell
según la propaganda [seˈgun la propaˈganda]	laut der Werbung	**la estética** [la esˈtetika]	Ästhetik
porque quiere [ˈpɔrke ˈkĭere]	weil Sie wollen	**maestro/-a** [maˈestro]	Meister-
¿por qué no compra Vd.? [pɔrˈke no ˈkɔmpra]	warum kaufen Sie nicht?	**el ingeniero** [el iŋxeˈnĭero]	Ingenieur
nada más sencillo [ˈnada mas senˈθiʎo]	nichts ist einfacher	**nos ofrece** [nɔs oˈfreθe]	bietet uns
no necesita más que [no neθeˈsita mas ke]	Sie brauchen nur	**la línea** [la ˈlinea]	Linie
fijarse en [fiˈxarse en]	achten auf	**verdaderamente elegante** [berdaderaˈmente eleˈgante]	wirklich elegant
el anuncio [el aˈnunθio]	Reklame	**el interior** [el inteˈrĭɔr]	Innere
siguiente [siˈgĭente]	folgend	**extremadamente cuidado** [estremadaˈmente kŭiˈdaᵈo]	äußerst gepflegt
o [o]	oder		
similar [simiˈlar]	ähnlich	**rico/-a** [ˈriko]	reich
antes de comprar [ˈantes de kɔmˈprar]	vor dem Einkauf	**los instrumentos accesorios** [los instruˈmentos agθeˈsorĭos]	Extras

26

el confort [el kɔmˈfɔrt]	Komfort	**nulo/-a** [ˈnulo]	gleich null
la comodidad [la komoðiˈdað]	Bequemlichkeit	**el mecanismo** [el mekaˈnizmo]	Getriebe
el asiento [el aˈsi̯ento]	Sitz	**ligero/-a** [liˈxero]	leicht
poco/-a [ˈpoko]	gering	**preciso/-a** [preˈθiso]	präzise
el ruido [el ˈrru̯ido]	Lärm	**el motor** [el moˈtɔr]	Motor
producen [proˈðuθen]	schaffen	**fuerte** [fu̯erte]	stark
la atmósfera [la adˈmɔsfera]	Atmosphäre	**como** [ˈkomo]	wie
agradable [agraˈðaβle]	angenehm	**el toro** [el ˈtoro]	Stier
sin igual [sin iˈgu̯al]	ohnegleichen	**el consumo** [el kɔnˈsumo]	Verbrauch
la estabilidad en carretera [la estaβiliˈdað eŋ karrɛˈtera]	Straßenlage	**la gasolina** [la gasoˈlina]	Benzin
		menor que [meˈnɔr ke]	geringer als
óptimo/-a [ˈoptimo]	optimal	**en coches de este tipo** [eŋ ˈkotʃes de ˈeste ˈtipo]	bei Wagen dieses Typs
el defecto [el deˈfekto]	Fehler	**el precio** [el ˈpreθi̯o]	Preis
característico/-a [karakteˈristiko]	typisch	**barato/-a** [baˈrato/-a]	billig
tradicional [tradiθi̯oˈnal]	überliefert, gewöhnlich	**¿qué le parece a Vd.?** [ke le paˈreθe a usˈteð]	was meinen Sie dazu?

4. Stunde

La objetividad 4 A

— Perdone, yo creo que le conozco. Vd. es el periodista que a menudo habla con mi marido, ¿no?

— Sí, así es.

— Yo también leo su periódico. Y, aunque no comprendo mucho de eso, debo decirle que, para mi gusto, escribe muy bien.

— ¿Lee Vd. el periódico cada día?

— Mire Vd., no leemos siempre el mismo. En casa no recibimos ninguno, pero casi siempre compramos dos; mi marido compra uno y yo compro otro. A veces llegamos a casa con dos ejemplares del mismo periódico.

¿Cómo es eso?

— Nosotros queremos tener una información objetiva y para ello lo mejor es leer opiniones y comentarios diferentes.

– ¿No cree Vd. en la objetividad de los periodistas?
– Yo, sinceramente, deseo y espero de esta forma la mayor objetividad posible.
– ¿Según qué criterio compran Vds. el periódico?
– Eso depende. Por la mañana escuchamos las noticias de la radio. Después miramos los titulares de cada periódico. El quiosco donde yo cojo el autobús vende todos los más importantes.
– ¿Me permite decirle que es Vd. muy inteligente?
– Muchas gracias.

Erläuterungen **4 B**

I. Präsens (Gegenwartsform) der regelmäßigen Verben

1. Der Infinitiv (Grundform) der spanischen Verben endet auf **-ar, -er** oder **-ir**: hablar *sprechen*, comprar *kaufen*, desear *wünschen*, esperar *erwarten*, escuchar *(an)hören*; comprender *verstehen*, deber *schulden, müssen*, vender *verkaufen*; escribir *schreiben*, permitir *erlauben*, recibir *erhalten*.

2. Im **Singular** (Einzahl) und in der 3. Person Plural wird der **Stamm** des Verbs betont, in der 1. und 2. Person Plural – ebenso wie im Infinitiv – die **Endung**. Nach den Regeln der Rechtschreibung erhält die Endung in der 2. Person Plural einen Akzent.

esper**ar** *erwarten*	comprend**er** *verstehen*	escrib**ir** *schreiben*
esper**o**	comprend**o**	escrib**o**
esper**as**	comprend**es**	escrib**es**
esper**a**	comprend**e**	escrib**e**
esper**amos**	comprend**emos**	escrib**imos**
esper**áis**	comprend**éis**	escrib**ís**
esper**an**	comprend**en**	escrib**en**

3. Verben, die im Präsens unregelmäßige Formen aufweisen, werden in der 5. Lektion vorgestellt. Zwei Beispiele:
   ser: **Soy** corresponsal de un periódico. *Ich bin Korrespondent einer Zeitung.*
   estar: Los lunes, martes y miércoles **estoy** libre. *Montags, dienstags und mittwochs bin ich frei*

4. Da die Aussprache des Verbstamms unverändert bleibt, unterliegt die Schreibung des Stammauslauts – je nach der folgenden Endung –

orthographischen Veränderungen. Vor der Endung **o** wird der Stammauslaut **g** zu **j**. Das Präsens **coger** *nehmen* lautet: co**j**o, coges, coge, cogemos, cogéis, cogen.

Yo cojo el autobús por la mañana.   *Morgens nehme ich den Autobus.*

II. Das Personalpronomen (persönliche Fürwort) im Nominativ (1. Fall)

1. | | | |
    |---|---|---|
    | **yo** | comprendo | *ich verstehe* |
    | **tú** | comprendes | *du verstehst* |
    | **él** | comprende | *er versteht* |
    | **ella** | comprende | *sie versteht* |
    | **usted** | comprende | *Sie verstehen* (Anrede an eine Person) |
    | **nosotros** | comprendemos | *wir verstehen* (Männer oder Mann und Frau) |
    | **nosotras** | comprendemos | *wir verstehen* (Frauen) |
    | **vosotros** | comprendéis | *ihr versteht* (Männer oder Mann und Frau) |
    | **vosotras** | comprendéis | *ihr versteht* (Frauen) |
    | **ellos** | comprenden | *sie verstehen* (Männer oder Mann und Frau) |
    | **ellas** | comprenden | *sie verstehen* (Frauen) |
    | **ustedes** | comprenden | *Sie verstehen* (Anrede an mehrere Personen) |

Die Form **ello** *es* kommt nur in Verbindung mit Präpositionen vor.

2. Die Personalpronomen im Nominativ werden bei der Konjugation (Beugung) oft nicht mehr verwendet, da die Person an der Endung des Verbs zu erkennen ist. Sie müssen jedoch gesetzt werden, wenn sie besonders hervorgehoben oder voneinander unterschieden werden sollen. Sie stehen auch am Anfang eines Gesprächs.

Yo también leo el periódico.   *Auch ich lese die Zeitung.*
Y, aunque (yo) no   *Und obwohl ich nicht viel davon*
comprendo mucho de   *verstehe, muß ich Ihnen sagen, daß*
eso, (yo) debo decirle,   *Sie für meinen Geschmack sehr gut*
que, para mi gusto,   *schreiben.*
(Vd.) escribe muy bien.

Übungen 4C

1. Beantworten Sie die Fragen nach folgendem Muster:

Beispiel: – ¿Lee Vd. el periódico cada día?
– Mire Vd., no leo siempre el mismo.

¿Recibe Vd. el periódico cada día? – ¿Compra Vd. el periódico cada día? – ¿Llega Vd. siempre a casa con el periódico? – ¿Desea Vd. el periódico cada día? – ¿Escucha Vd. el programa cada día? – ¿Mira Vd. el programa cada día? – ¿Coge Vd. el autobús cada día? – ¿Espera Vd. noticias cada día? – ¿Permite Vd. esto cada día? – ¿Comprende Vd. lo mismo cada día?

2. Beantworten Sie die Fragen nach folgendem Muster:

Beispiel: – ¿Leen Vds. el periódico todos los días?
– Casi siempre leemos dos.

¿Reciben Vds. un ejemplar todos los días? – ¿Compran Vds. una revista todos los días? – ¿Llegan a casa con el periódico todos los días? – ¿Desean un anuncio todos los días? – ¿Escuchan un programa de radio todos los días? – ¿Necesitan Vds. una radio cada día? – ¿Escriben un comentario todos los días? – ¿Venden Vds. un coche cada día? – ¿Cogen el autobús todos los días? – ¿Toman una lección cada día?

3. Geben Sie eine Erwiderung nach folgendem Muster:

Beispiel: – Yo leo con gusto su periódico.
– ¿Y qué no lee Vd. con gusto?

Yo hablo con gusto español. – Nosotros escuchamos con gusto las noticias. – Yo compro con gusto el periódico. – Miramos con gusto los titulares. – Yo permito eso con gusto. – Nosotras escribimos con gusto la información. – Yo recibo con gusto opiniones diferentes. – Espero con gusto las noticias. – Nosotros vendemos con gusto coches. – Recibimos con gusto información objetiva.

4. Geben Sie eine Erwiderung nach folgendem Muster:

Beispiel: – El periodista no habla con el director.
– ¿Y por qué no habla con el director?

Ella no cree en la objetividad de los periodistas. – Ella no comprende mucho de eso. – A veces llegan a casa con dos periódicos. – No leen siempre el mismo. – Desean y esperan la mayor objetividad. – Ellos no escuchan opiniones diferentes. – No reciben periódicos en casa. – El señor no tiene problemas con el español. – La señora no comprende bien. – Los señores no tienen tiempo libre.

5. Setzen Sie die richtige Form des Verbs ein:

Nosotros también (leer) su periódico. Y, aunque no (comprender) mucho de eso, (deber) decirle que, para nuestro gusto, (escribir) muy bien. – ¿(leer) Vd. también el periódico cada día? – Mire Vd., yo no (leer)siempre el mismo. En casa no (recibir) ninguno, pero casi siempre (comprar) uno. – ¿Según qué criterio (comprar) Vd. el periódico? – Eso (depender). Por la mañana (escuchar) las noticias de la radio. Después (mirar) los titulares.

Vokabeln 4D

la objetividad [obxetibi'da⁽ᵈ⁾]	Objektivität
perdone	verzeihen Sie
yo creo que le conozco [kɔ'noθko]	ich glaube, daß ich Sie kenne
que a menudo habla	der oft spricht
mi marido	mein Mann
así es	so ist es
yo también leo	ich lese auch
aunque	obwohl
mucho	viel
de eso	davon
debo decirle que [de'θirle]	ich muß Ihnen sagen, daß
para mi gusto	für meinen Geschmack
escribe	Sie schreiben
¿lee Vd.?	lesen Sie?
cada día	jeden Tag
mire Vd.	schauen Sie mal
no leemos	wir lesen nicht
el mismo, la misma	der-, die-, dasselbe
en casa	zu Hause
no recibimos [no rɛθi'bimos] ninguno, -a [niŋ'guno]	wir bekommen kein(e, -n)
casi	fast
compramos dos	wir kaufen zwei
a veces [a 'beθes]	manchmal
llegamos a casa [ʎe'gamos]	wir kommen nach Hause
el ejemplar [ɛxem'plar]	Exemplar, Stück
¿cómo es eso?	wieso das?
nosotros queremos tener	wir wollen haben
la información [imfɔrma'θiɔn]	Information
objetivo/-a [ɔbxe'tibo]	objektiv
para ello	dafür
lo mejor [mɛ'xɔr]	das Beste
leer	lesen
la opinión	Meinung
el comentario	Kommentar
¿no cree Vd. en?	glauben Sie nicht an?
sinceramente [sinθera'mɛnte]	ehrlich
yo deseo y espero	ich wünsche und erwarte
de esta forma	auf diese Art
el/la mayor	der/die größte
posible	möglich
¿según qué criterio?	nach welchem Kriterium?
¿compran Vds.?	kaufen Sie?
eso depende	es kommt darauf an
por la mañana [ma'ɲana]	morgens
escuchamos [esku'tʃamos]	wir hören an
la noticia [no'tiθia]	Nachricht
miramos	wir schauen an
el titular	Schlagzeile
el quiosco	Kiosk
donde yo cojo ['kɔxo]	wo ich nehme
el autobús	Autobus
vende	verkauft
los más importantes	die wichtigsten
¿me permite decirle que?	erlauben Sie mir Ihnen zu sagen, daß?
inteligente	intelligent
muchas gracias ['mutʃas 'graθias]	vielen Dank

5. Stunde

¿En coche o a pie? 5 A

– ¿Cuántos invitados van a la fiesta?
– No sé. Nosotros sí vamos. ¿Vienes con nosotros?
– Sí. ¿Cómo vamos?
– Yo pienso que Roberto nos podría llevar en su coche, pero no sé si él va.
– Quizá no cabemos todos en el coche. Sólo tiene asientos para cinco personas. Yo puedo ir en metro. Normalmente voy en metro al trabajo, aunque aquí a casa siempre vengo a pie.
– ¿Qué dices? No es necesario ir en metro. Si Roberto trae su coche, cabemos todos en él. ¿No ves que es poca distancia?
– Sí, pero ¿dónde ponemos todos esos regalos?
– ¡Dios mío! ¿Quién compra todo eso? ¿Es necesario? Y seguro que vale una fortuna.
– No es el momento de hablar de lo que vale o no vale. Cuidado, que se cae esa botella. Bueno, ¿qué hacemos?
– Mira, damos aviso a Roberto de que venga seguro y no traiga a nadie más.
– ¡Eh!, oigo que viene alguien.
– Yo no oigo ni veo nada... ¡Ah!, sí, es un coche. Es él y trae ya a alguien.
– Definitivamente, yo voy en metro. Y salgo de aquí ahora mismo para llegar a tiempo a la fiesta.
– Bueno, hasta luego.
– Adiós, hasta más tarde.

Erläuterungen 5 B

I. Verben mit besonderen Unregelmäßigkeiten

1. Folgende Verben weisen im **Präsens** besondere **Unregelmäßigkeiten** auf: decir *sagen*, estar *sein*, haber *haben* (Hilfsverb), ir *gehen*, oír *hören*, ser *sein*. Bei estar sind das y und die Betonung unregelmäßig.

decir *sagen*	estar *sein*	haber *haben*	ir *gehen*	oír *hören*	ser *sein*
digo	estoy	he	voy	oigo	soy
dices	estás	has	vas	oyes	eres
dice	está	ha	va	oye	es
decimos	estamos	hemos	vamos	oímos	somos
decís	estáis	habéis	vais	oís	sois
dicen	están	han	van	oyen	son

2. Von den folgenden Verben hat jedes im **Präsens** in der **1. Pers. Sing.** eine andere **Unregelmäßigkeit**.

caber	*Platz finden*	**quepo,** cabes, cabe ...
caer	*fallen*	**caigo,** caes, cae ...
dar	*geben*	**doy,** das, da ...
hacer	*machen, tun*	**hago,** haces, hace ...
poner	*legen, stellen*	**pongo,** pones, pone ...
saber	*wissen*	**sé,** sabes, sabe ...
salir	*hinausgehen*	**salgo,** sales, sale ...
traer	*bringen*	**traigo,** traes, trae ...
valer	*wert sein*	**valgo,** vales, vale ...
ver	*sehen*	**veo,** ves, ve ...

II. Deklination des Substantivs (Beugung des Hauptworts)

1. Der Begriff „Deklination" ist dem Spanischen wesensfremd. Der **Genitiv** (2. Fall) wird durch Vorsetzen der Präposition (Verhältniswort) **de** *von*, der **Dativ** (3. Fall) durch Vorsetzen der Präposition **a** *zu* gebildet, was die Formen del (= de el), de la, de los, de las, al (= a el), a la, a los, a las ergibt.

El coche es ideal.
La línea **del coche** es elegante.
La comodidad da **al coche** más confort.
Si Roberto trae **el coche** cabemos todos.

Das Auto ist ideal.
Die Linie des Autos ist elegant.
Die Bequemlichkeit verleiht dem Auto mehr Komfort.
Wenn Roberto das Auto mitbringt, haben wir alle Platz.

2. Während bei Sachbegriffen Nominativ und Akkusativ (4. Fall) der Form nach gleich sind, wird im Akkusativ vor die Namen von **Lebewesen**, sofern sie genauer bestimmt sind, die Präposition **a** gesetzt.

No comprendo **al señor** y **a la señora**.
Roberto trae **a** alguien.
Roberto no debe traer **a** nadie.

Ich verstehe den Herrn und die Dame nicht.
Roberto bringt jemanden mit.
Roberto soll niemanden mitbringen.

Übungen 5C

1. Beantworten Sie die Fragen nach folgendem Muster:

Beispiel: – ¿Cuántos invitados van a la fiesta?
– No sé. Nosotros sí vamos.

¿Cuántos caben en el coche? – ¿Cuántos van en metro? – ¿Cuántos van a pie? – ¿Cuántos vienen aquí? – ¿Cuántos traen el coche? – ¿Cuántos hacen esto? – ¿Cuántos oyen el ruido? – ¿Cuántos salen de casa ahora? – ¿Cuántos dicen esto? – ¿Cuántos tienen tiempo libre?

2. Beantworten Sie die Fragen nach folgendem Muster:

Beispiel: – ¿Va Roberto a la fiesta?
– Yo no sé si va o no.

¿Trae Roberto su coche? – ¿Cabemos todos en él? – ¿Tiene cinco asientos? – ¿Van a pie los otros invitados? – ¿Es necesario ir a pie? – ¿Vale una fortuna? – ¿Trae ya a alguien? – ¿Salen de casa ahora mismo? – ¿Llegamos a tiempo a la fiesta? – ¿Está libre los martes?

3. Beantworten Sie die Fragen nach folgendem Muster:

Beispiel: – ¿Qué oye? / venir alguien
– Oigo que viene alguien.

¿Qué ve? / traer a alguien – ¿Qué ve? / ser poca distancia – ¿Qué ve? / ir a pie – ¿Qué dice? / llegar a tiempo – ¿Qué oye? / salir alguien – ¿Qué sabe? / ser necesario – ¿Qué sabe? / tener problemas – ¿Qué dice? / venir con nosotros – ¿Qué dice? / ser una cuestión de pronunciación – ¿Qué dice? / hacer vacaciones en España

4. Beantworten Sie die Fragen nach folgendem Muster:

Beispiel: – ¿Qué trae? regalo / Roberto
– Traigo un regalo a Roberto.

¿Qué dice? eso / mi señora – ¿Qué escribe al director? unas palabras / director – ¿Qué da al empleado? aviso / empleado – ¿Qué compra? periódico / mi marido – ¿Qué lleva? regalo / intérprete – ¿Qué trae? botella / invitados – ¿Qué hace? foto / jefe – ¿Qué pone? motor nuevo /

coche – ¿Qué da? información / turistas – ¿Qué da al guía de turismo? mapa / guía de turismo

5. Beantworten Sie die Fragen nach folgendem Muster:

Beispiel: – ¿Qué trae? / el coche
– Trae el coche.

¿A quién trae? / a su señora – ¿A quién trae? / a alguien – ¿Qué lleva? / los regalos – ¿A quién escucha? / al director – ¿Qué escucha? / la radio – ¿Qué mira? / la propaganda – ¿A quién mira? / a la artista – ¿Cuánto vale? / una fortuna – ¿A quién recibe? / a unos invitados – ¿Qué recibe? / el periódico

Vokabeln 5D

en coche [eŋ ˈkotʃe]	mit dem Wagen
a pie	zu Fuß
¿cuánto/-a?	wieviel?
¿cuántos/-as?	wieviele?
el invitado	Gast
¿van a la fiesta?	gehen zum Fest?
no sé	ich weiß nicht
nosotros sí vamos	wir gehen aber doch hin
¿vienes?	kommst Du?
yo pienso que	ich denke, daß
Roberto nos podría llevar [ʎeˈbar]	Roberto könnte uns mitnehmen
no sé si él va	ich weiß nicht, ob er hingeht
no cabemos todos	wir passen nicht alle hinein
cinco [ˈθiŋko]	fünf
la persona	Person
yo puedo	ich kann
ir en metro	mit der U-Bahn fahren
normalmente	normalerweise
el trabajo [el traˈbaxo]	Arbeit
aquí a casa vengo	hierher nach Hause komme ich
¿qué dices? [ke ˈdiθes]	was sagst du?
no es necesario [no es neθeˈsario]	es ist nicht nötig
si Roberto trae	wenn Roberto mitbringt
en él	in ihm
¿no ves que?	siehst du nicht, daß?
la distancia [la disˈtanθia]	Entfernung
¿dónde ponemos?	wo stellen wir hin?
todos esos regalos	alle diese Geschenke
¡Dios mío!	mein Gott!
¿quién?	wer?
todo eso	das alles
y seguro que vale una fortuna	und sicherlich kostet es ein Vermögen
no es el momento de	es ist nicht der Moment zu
hablar de lo que	von dem sprechen, was
cuidado, que se cae esa botella	Vorsicht, diese Flasche fällt hin
bueno, ¿qué hacemos? [ke aˈθemos]	nun gut, was machen wir?
mira	schau mal, sieh mal
damos aviso a Roberto	wir geben Roberto Bescheid
de que venga seguro	daß er auf alle Fälle kommt
y no traiga a nadie más	er soll niemand mehr mitbringen
¡eh! oigo que alguien	he, ich höre, daß jemand
yo no oigo ni veo nada	ich höre und sehe nichts
¡ah! sí	ach, ja
trae ya a alguien	er bringt schon jemand mit
definitivamente	endgültig
salgo de aquí	ich gehe von hier weg
ahora mismo [aˈɔra ˈmizmo]	jetzt gleich
para llegar a la fiesta	um zum Fest zu kommen
a tiempo	rechtzeitig
bueno, hasta luego	gut, bis nachher
más tarde	später

6. Stunde

Estamos bien, gracias. ¿Y Vd.? 6 A

– Vamos a ver dónde hay una mesa libre.
– Ahí tenemos una.
– Esta mesa está libre, ¿no?
– No del todo, señor. En realidad la tienen dos señores que están hablando por teléfono.
– ¿Son aquellos dos de allí?
– Sí, ahora están de pie junto a la barra.
– Ah, ya. Son precisamente nuestros compañeros de trabajo.
– ¿Esperan Vds. a más? ¿Cuántos son en total?
– A ver ... Dos estamos aquí, allí hay dos más, ya somos cuatro; por lo menos tres están en camino ... Ah, ya están ahí afuera. Son ésos que llegan ahora.
– Bien, la mesa no es muy grande, pero para estar sentados un rato y beber unos vinos es bastante.
– No, no, algunos deseamos también comer un poco.
– Ah, eso es otra cosa. Entonces es mejor aquélla que está cerca de la puerta.
– ¿Cuál, ésa de ahí?
– No, ésa no, aquélla que está junto a la puerta.
– Ya están todos aquí. Hola, ¿qué hay?
– Hola, aquí les presento a nuestra nueva compañera de oficina. Ésta es la Srta. Pérez, Inés Pérez. Señorita, éstos son nuestros compañeros de trabajo.
– Mucho gusto. ¿Cómo están Vds.?
– Estamos bien, gracias ... y con bastante sed.
– ¿Vamos a ver qué hay de bueno en este restaurante?
– Sí, eso es, vamos a ver.

Erläuterungen 6 B

I. ser – estar – hay

1. Mit **"ser"** wird von Personen bzw. Dingen gesagt, wer, was oder wie viele sie sind, welche charakteristischen (dauerhaften) Eigenschaften sie haben.

Vd. no **es** español, ¿verdad?	*Sie sind kein Spanier, nicht wahr?*
El señor **es** del sur de España.	*Der Herr ist aus Südspanien.*
Quizá **es** otro el motivo.	*Vielleicht hat es einen anderen Grund.*
¿**Es** sólo una cuestión de pronunciación?	*Ist das nur eine Frage der Aussprache?*
Esto **es** lo complicado.	*Das ist das Komplizierte.*
¿**Es** Vd. periodista?	*Sind Sie Journalist?*
Soy guía de turismo.	*Ich bin Fremdenführer.*
Es una buena idea.	*Das ist eine gute Idee.*
El consumo de gasolina **es** menor que en otros coches.	*Der Benzinverbrauch ist geringer als bei anderen Autos.*
¿Cuántos **son** Vds. en total?	*Wieviele sind Sie insgesamt?*
Esta **es** la señorita Pérez.	*Das ist Fräulein Pérez.*

2. Mit "**estar**" wird von Personen bzw. Dingen gesagt, wo oder wie sie sich (vorübergehend) befinden.

El señor **está** en el sur de España.	*Der Herr ist in Südspanien.*
Los lunes, martes y miércoles **estoy** libre.	*Montag, Dienstag und Mittwoch habe ich frei.*
¿Cómo, que no **está** contento con su coche?	*Wie, Sie sind mit Ihrem Auto nicht zufrieden?*
Ahora **están** de pie.	*Jetzt stehen sie.*
Por lo menos tres **están** en camino.	*Mindestens drei sind unterwegs.*
Para **estar** sentados un rato es bastante.	*Um eine Weile zu sitzen, genügt es.*
Es mejor aquélla que **está** cerca de la puerta.	*Jene in der Nähe der Tür ist besser.*
Ya **están** todos aquí.	*Nun sind alle hier.*

3. Nach "**hay**" kommt immer ein normalerweise nicht genau bestimmter Akkusativ im Singular oder Plural.

¿No **hay** dialectos en España?	*Gibt es keine Dialekte in Spanien?*
Sólo **hay** unas palabras diferentes.	*Es gibt nur ein paar unterschiedliche Wörter.*
Allí **hay** dos más.	*Dort sind noch zwei.*
Vamos a ver qué **hay** de bueno en este restaurante.	*Wir wollen sehen, was es in diesem Restaurant Gutes gibt.*

II. Demonstrativpronomen (hinweisende Fürwörter)

männlich:	este	dieser (hier)	ese	dieser (da)	aquel	jener
	estos	diese (hier)	esos	diese (da)	aquellos	jene
weiblich:	esta	diese (hier)	esa	diese (da)	aquella	jene
	estas	diese (hier)	esas	diese (da)	aquellas	jene
sächlich:	esto	dieses (hier)	eso	dieses (da)	aquello	jenes

Esto es lo complicado. *Das ist das Komplizierte.*
¿Cómo es **eso**? *Wie ist das?*
Esta mesa no está libre. *Dieser Tisch ist nicht frei.*
No, **ésa** no, **aquélla** que está junto a la puerta. *Nein, dieser nicht, jener dort, neben der Tür.*

Werden diese Formen alleinstehend gebraucht, so erhalten sie – mit Ausnahme der immer alleinstehenden und gleichbleibenden sächlichen Formen – einen Akzent.

1. **este/-os, esta/-s, esto** weisen auf Personen oder Sachen hin, die im Bereich des Sprechenden liegen.

   Esta mesa está libre. *Dieser Tisch (bei mir) ist frei.*

2. **ese/-os, esa/-s, eso** weisen auf Personen oder Sachen hin, die vom Sprechenden etwas weiter entfernt sind bzw. im Bereich des Angeredeten liegen.

   ¿Dónde ponemos **esos** regalos? *Wo stellen wir diese Geschenke (bei Ihnen) hin?*

3. **aquel/-los, aquella/-s, aquello** weisen auf Personen oder Sachen hin, die örtlich oder zeitlich vom Sprechenden und vom Angeredeten entfernt sind.

   No, esa mesa no, **aquélla**. *Nein, nicht dieser Tisch (bei Ihnen), sondern der andere dort drüben.*

Übungen 6 C

1. Beantworten Sie die Fragen nach folgendem Muster:

Beispiel: – ¿De dónde es Vd.? / de una pequeña ciudad
– Yo soy de una pequeña ciudad.

¿Cómo es la ciudad? / pequeña – ¿Dónde está la ciudad? / en el sur de Alemania – ¿Quiénes son esos señores? / los invitados – ¿Qué son Vds.? / periodistas – ¿Qué no es necesario? / ir a pie – ¿Dónde están los dos señores? / hablando por teléfono – ¿Dónde están sentados los otros? / cerca de la puerta – ¿Cómo están ellos cerca de la puerta? / sentados – ¿Quiénes están sentados junto a la barra? / los turistas – ¿Cómo está Vd.? / bien, gracias

2. Beantworten Sie die Fragen nach folgendem Muster:

Beispiel: – ¿Dónde no hay dialectos? / en el centro de España
– En el centro de España no hay dialectos.

¿Cómo son los dialectos? / complicados – ¿Dónde están los periodistas? / en la fiesta – ¿Cuántos periodistas hay en la fiesta? / tres periodistas – ¿Cómo son los periodistas? / objetivos – ¿Dónde están nuestros compañeros? / ahí afuera – ¿Quiénes son nuestros compañeros? / esos señores – ¿Cuántos hay ahí afuera? / tres – ¿Cuántos son en total? / quince – ¿Qué hay de bueno aquí? / mucho – ¿Qué mesa es mejor? / aquélla que esta cerca de la puerta

3. Setzen Sie hay oder die richtige Form von ser bzw. estar ein:

– ¿Cuántos ... Vds. en total? – A ver. Dos ... aquí, allí ... uno más, ya ... tres; por lo menos otro ... en camino. Ah, ya ... ahí afuera. ... ése que llega ahora. – ¿Qué mesas tomamos? – Aquéllas que ... junto a la puerta. – Bien. No ... muy grandes, pero ... bastante. – Hola, señorita, ¿qué ..., cómo ... Vd.? – ... bien, gracias, ¿y Vd.?

4. Bilden Sie Sätze nach folgendem Muster:

Beispiel: – coche: malo, bueno, ideal
– **Este** coche es malo. **Ese** coche es bueno. **Aquel** coche es ideal.

señor: español, alemán, americano – ciudad: pequeña, grande, muy grande – palabra: especial, regional, complicada – anuncios: típicos, característicos, inteligentes – tiendas: modernas, similares, necesarias – motores: ligeros, fuertes, óptimos – defecto: pequeño, menor, nulo – información: importante, agradable, objetiva – empleo: interesante, importante, bueno – señora: pobre, rica, muy rica

5. Beantworten Sie die Fragen nach folgendem Muster:

Beispiel: – ¿Cuál, esta mesa de aquí?
– No, ésa de ahí no, aquélla de allí.

¿Cuál, este anuncio de aquí? – ¿Cuáles, estas botellas de aquí? – ¿Cuáles, estos regalos de aquí? – ¿Quién, este señor de aquí? – ¿Quién, esta señora? – ¿Quiénes, estos estudiantes de aquí? – ¿Cuál, esta radio? – ¿Qué, esto de aquí? – ¿Quién, este ingeniero de aquí? – ¿Quiénes, estos turistas?

Vokabeln 6D

estamos bien	uns geht es gut
vamos a ver	mal sehen
dónde hay	wo gibt es
la mesa	Tisch
no del todo	nicht ganz
en realidad	eigentlich
la tienen dos señores	ihn haben zwei Herren
que están hablando por teléfono	die gerade telefonieren
aquellos dos de allí	die zwei dort drüben
están de pie	sie stehen
junto a ['xunto a]	neben
la barra	Theke
ah, ya	ja, jetzt
precisamente [preθisa'mente]	gerade, eigentlich
nuestros compañeros de trabajo [kɔmpa'ɲeros de tra'baxo]	unsere Arbeitskollegen
¿esperan Vds. a más?	erwarten Sie noch jemand?
en total	insgesamt
a ver	mal sehen
dos estamos aquí	hier wir zwei
allí hay dos más	dort drüben sind noch zwei
ya somos cuatro	wir sind schon vier
por lo menos	mindestens
están en camino	sind unterwegs
están ahí afuera	sind da draußen
son ésos	es sind diese da
para estar sentados	um zu sitzen
un rato	eine Weile
beber	trinken
unos vinos	einige Gläser Wein
es bastante	es ist genug
algunos deseamos	einige von uns möchten
comer	essen
eso es	das ist
otra cosa	etwas anderes
es mejor [ez me'xɔr]	es ist besser
cerca de ['θerka de]	nahe bei
la puerta	Tür
¿cuál?	welche/-r?
ésa de ahí	dieser da
hola, ¿qué hay?	hallo, wie geht es?
aquí les presento	hier stelle ich Ihnen vor
la compañera	Kollegin
la oficina [la ofi'θina]	Büro
Srta. = señorita	Fräulein
mucho gusto ['mutʃo 'gusto]	es freut mich
¿cómo están Vds.?	wie geht es Ihnen?
con bastante sed	mit ziemlich viel Durst
¿vamos a ver qué hay de bueno?	mal sehen, was es Gutes gibt?
el restaurante	Restaurant
eso es	so ist es

7. Stunde

Esto no puede ser 7 A

– Hola, ¿cómo está Vd., qué cuenta?
– Estoy bien, gracias, y siento una gran alegría de estar aquí otra vez. Pero oiga, ¿cuándo empieza a hacer calor este año?
– Yo pienso que este año no tenemos verano. Otros años empieza mucho antes a calentar.
– Este año también calienta, pero sólo a ratos. Si no recuerdo mal, el año pasado no llovió nunca, y este año llueve cada dos días.
– Sí, así es. Yo también prefiero el calor, no puedo soportar el frío.
– Mire, en invierno yo prefiero el frío, pero en verano ... Le digo que esto no puede ser.
– No, señor, no puede ser.
– Claro que no. Los viajes cuestan mucho y cuando se va de vacaciones uno quiere encontrar aquello que le gusta. Con este tiempo no es posible ni jugar al tenis. ¿Qué dice, tengo razón o no?
– ¿Juega Vd. regularmente al tenis?
– No. Juego con mi mujer, y, como ella prefiere otras cosas, jugamos rara vez. ¿Lleva Vd. aquí mucho tiempo?
– Tres semanas. Mañana vuelvo a casa. Quiero estar allí unos días antes de empezar a trabajar.
– ¿Cuándo empieza a trabajar de nuevo?
– Empiezo el próximo lunes, o sea pasado mañana.
– Pues que le vaya bien.
– Gracias. Yo también le deseo a Vd. mucha suerte.

Erläuterungen 7 B

I. Verben mit Unregelmäßigkeiten im Präsens

1. **Verben,** die den Stammvokal **-e-** durch **-ie-** in der 1., 2. und 3. Person Singular und in der 3. Person Plural ersetzen.

   calentar *erwärmen,* empezar *beginnen,* pensar *denken,* preferir *vorziehen,* querer *lieben,* sentir *fühlen*

empezar *beginnen*	querer *lieben*	preferir *vorziehen*
empiezo	quiero	prefiero
empiezas	quieres	prefieres
empieza	quiere	prefiere
empezamos	queremos	preferimos
empezáis	queréis	preferís
empiezan	quieren	prefieren

2. **Verben,** die den Stammvokal **-o-** durch **-ue-** in der 1., 2. und 3. Person Singular und in der 3. Person Plural ersetzen.

   contar *(er)zählen*, encontrar *finden*, llover *regnen*, poder *können*, recordar *erinnern*, volver *zurückkehren*, costar *kosten*

recordar *erinnern*	poder *können*
recuerdo	puedo
recuerdas	puedes
recuerda	puede
recordamos	podemos
recordáis	podéis
recuerdan	pueden

3. Das **einzige Verb,** das den Stammvokal **-u-** durch **-ue-** in der 1., 2. und 3. Person Singular und in der 3. Person Plural ersetzt.

jugar *spielen*
juego, juegas, juega, jugamos, jugáis, juegan

II. Gebrauch und Wegfall des Artikels

1. Der **bestimmte Artikel** steht **vor Titeln,** ausgenommen bei der Anrede.

   Esta es **la** Srta. Pérez. *Das ist Fräulein Pérez.*
   Srta. Pérez, estos son nuestros compañeros. *Frl. Pérez, das sind unsere Kollegen.*

2. Vor **medio** und **otro** steht **kein** unbestimmter Artikel.

   Necesitamos media hora. *Wir brauchen eine halbe Stunde.*
   Eso es otra cosa. *Das ist etwas anderes.*

3. Bei der Bezeichnung von Dingen, die man normalerweise nicht mehrfach hat, kommt nach "tener" kein Artikel.

¿Tiene Vd. coche?   *Haben Sie ein Auto?*

Übungen 7 C

1. Beantworten Sie die Fragen nach folgendem Muster:

Beispiel: – Este año no hace calor.
 – ¿Y cuándo **empieza a** hacer calor?

Este año no llueve. – Yo no trabajo ahora. – Este año no calienta. – Los turistas no vuelven a casa esta semana. – Yo no siento alegría de estar aquí. – No vamos de vacaciones esta semana. – En este momento no tenemos verano. – En verano no hace frío. – Esto ahora no puede ser. – En este momento no recuerdo.

2. Beantworten Sie die Fragen nach folgendem Muster:

Beispiel: – No es posible ni jugar al tenis.
 – ¿Juega Vd. regularmente al tenis?

No es posible ni encontrar a nuestros compañeros. – No es posible ni pensar otras cosas. – No es posible ni trabajar. – No es posible ni ir de vacaciones. – No es posible ni preferir otros temas. – No es posible ni empezar a trabajar por la mañana. – No es posible ni volver a casa en coche. – No es posible ni sentir el calor. – No es posible ni venir a pie. – No es posible ni recordar las vacaciones.

3. Beantworten Sie die Fragen nach folgendem Muster:

Beispiel: – ¿Juega Vd. con su mujer al tenis?
 – Sí, juego con mi mujer, jugamos juntos.

¿Vuelve Vd. a casa con su mujer? – ¿Está aquí con su mujer? – ¿Puede venir con su mujer? – ¿Empieza a trabajar con su compañero? – ¿Puede ir de vacaciones con su compañero? – ¿Tiene el plan de ver una película con su jefe? – ¿Va al cine con el periodista? – ¿Piensa estudiar el problema con el ingeniero? – ¿Va a la fiesta con Roberto? – ¿Viene aquí con él?

4. Beantworten Sie die Fragen nach folgendem Muster:

Beispiel: – ¿Qué piensa? / Vd. sentir una gran alegría de estar aquí
 – Pienso **que** Vd. siente una gran alegría de estar aquí.

¿Qué piensa? / Vd. preferir el verano – ¿Qué dice? / Vd. tener razón – ¿Qué cuenta? / los viajes costar mucho – ¿Qué cuenta? / mi mujer preferir otras cosas – ¿Qué piensa? / yo no poder soportar el frío – ¿Qué recuerda? / no llover mucho – ¿Qué recuerda? / no hacer calor – ¿Qué dice? / nosotros querer estar allí unas semanas – ¿Qué piensa? / Vd. jugar mucho al tenis – ¿Qué recuerda? / no calentar mucho

5. Setzen Sie die richtige Form des Verbs ein:

– ¿(jugar) Vds. regularmente al tenis? – No, nosotros no (jugar) regularmente. (preferir) otras cosas. ¿(llevar) Vds. mucho tiempo aquí? – (llevar) tres semanas. Pasado mañana (volver) a casa. (querer) estar allí unos días antes de empezar a trabajar. – ¿Cuándo (empezar) Vds. a trabajar de nuevo? – (empezar) el próximo lunes.

Vokabeln 7D

esto no puede ser	das darf nicht sein
hola	hallo
¿qué cuenta?	was gibt es Neues?
siento una gran alegría	ich empfinde eine große Freude
otra vez	wieder
oiga	hören Sie
¿cuándo empieza a?	wann fängt es an zu?
hacer calor	warm sein
este año	heuer, dieses Jahr
el verano	Sommer
otros años	in anderen Jahren
antes	früher
calentar	erwärmen, warm werden
calienta	es wird warm
a ratos	von Zeit zu Zeit
si no recuerdo mal	wenn ich mich richtig erinnere
pasado/-a	vergangen
no llovió nunca	es regnete nie
llueve	es regnet
cada dos días	alle zwei Tage
yo prefiero	ich ziehe vor
el calor	Wärme, Hitze
no puedo	ich kann nicht
soportar	ertragen
el frío	Kälte
mire	schauen / sehen Sie mal
el invierno	Winter
le digo que	ich sage Ihnen, daß
no, señor	nein, mein Herr
claro que no	natürlich nicht
el viaje	Reise
cuestan mucho	kosten viel
cuando se va de vacaciones	wenn man Urlaub macht
uno quiere	man will
encontrar	finden
aquello que le gusta	das, was ihm gefällt
con este tiempo	bei diesem Wetter
no es posible ni	es ist nicht einmal möglich
jugar al tenis	Tennis spielen
¿tengo razón?	habe ich recht?
¿juega Vd. regularmente?	spielen Sie regelmäßig?
juego con mi mujer	ich spiele mit meiner Frau
como ella prefiere	da sie vorzieht
jugamos	wir spielen
rara vez	selten
¿lleva Vd. aquí mucho tiempo?	sind Sie schon lange hier?
tres	drei
mañana	morgen
vuelvo	ich kehre zurück
antes de empezar a trabajar	bevor ich zu arbeiten anfange
¿cuándo empieza a trabajar?	wann fangen Sie an zu arbeiten?
de nuevo	wieder
empiezo	ich fange an
el próximo lunes	am kommenden Montag
o sea	das heißt
pasado mañana	übermorgen
pues que le vaya bien	also alles Gute
le deseo a Vd.	ich wünsche Ihnen
la suerte	Glück

8. Stunde

Por favor, ¿qué hora es? 8 A

– ¿Es la una y veinticinco, es la una y media o son las dos menos veinticinco? Mi reloj no anda muy bien.
– Pues el mío no va mucho mejor. En el mío es la una y cuarto.
– ¿A qué hora es la reunión de esta noche, a las ocho o a las nueve? Si es a las nueve y tomamos el tren de las ocho debemos comprar ahora. Aquí tenemos un supermercado.
– Tenemos que pensar cuánto queremos gastar.
– Vamos a comparar los precios. Ese vino no cuesta mucho; tres cuartos de litro, doscientas pesetas; pero esta otra marca cuesta veinticinco pesetas más, o sea doscientas veinticinco.
– Y ahí hay otra que cuesta doscientas treinta y cinco.
– ¿Sabes? Para mi cumpleaños voy a dar una fiesta excepcional. Mi cumpleaños es el treinta de este mes, es un domingo.
– ¿Qué fecha es hoy?
– Hoy es sábado, es el dieciséis de mayo, faltan quince días exactamente; en quince días es mi cumpleaños. Yo nací el treinta y uno de mayo de 1969, así que el próximo treinta y uno cumplo veintiún años. ¿Cuántos tienes tú, veintiuno o veintidós? ¿Cuándo, qué día es tu cumpleaños? Ah, ya sé, ya recuerdo, es el veinte de junio y cumples veintidós.
– Entonces, vamos a casa de Roberto a las ocho, ¿no?
– Tú tienes también su dirección, ¿verdad? Bueno, no importa, yo sé su número de teléfono de memoria.
– Vive en la Calle de la Estación, número 105 . . . Espera, ¿es el número ciento cinco o es el número cien?
– No, no, es el ciento cinco, no hay duda. En todo caso, su teléfono es seguro el 2 18 28 38.

Erläuterungen **8 B**

I. Die Grundzahlen

1.

0 cero	17 diecisiete	100 cien, ciento
1 uno/-a	18 dieciocho	101 ciento uno
2 dos	19 diecinueve	200 doscientos/-as
3 tres	20 veinte	300 trescientos/-as
4 cuatro	21 veintiuno	400 cuatrocientos/-as
5 cinco	22 veintidós	500 quinientos/-as
6 seis	23 veintitrés	600 seiscientos/-as
7 siete	29 veintinueve	700 setecientos/-as
8 ocho	30 treinta	800 ochocientos/-as
9 nueve	31 treinta y uno	900 novecientos/-as
10 diez	32 treinta y dos	1 000 mil
11 once	40 cuarenta	1 050 mil cincuenta
12 doce	50 cincuenta	2 000 dos mil
13 trece	60 sesenta	100 000 cien mil
14 catorce	70 setenta	500 000 quinientos mil
15 quince	80 ochenta	1 000 000 un millón (de)
16 dieciséis	90 noventa	2 000 000 dos millones (de)

Verkürzt werden **uno** und die hiermit gebildeten Zahlen sowie auch **ciento,** wenn sie unmittelbar vor einem männlichen Substantiv stehen. Ciento wird auch vor mil und millones verkürzt.

Mi coche tiene sólo **un** defecto.	*Mein Auto hat nur einen Fehler.*
Yo cumplo veinti**ún** años el próximo treinta y uno.	*Am kommenden 31. werde ich 21 Jahre alt.*
Mayo tiene treinta y **un** días.	*Der Mai hat 31 Tage.*
Tengo una radio que cuesta cien mil pesetas.	*Ich habe ein Radio das hunderttausend Peseten kostet.*

2. **y** kommt nur bei Zusammensetzungen der Zahlen zwischen 31 und 99 vor.

Hoy es el dieciséis de mayo.	*Heute ist der 16. Mai.*
Esta marca cuesta veinticinco pesetas más.	*Diese Marke kostet 25 Peseten mehr.*
Mi cumpleaños es el treinta **y** uno de este mes.	*Mein Geburtstag ist am 31. dieses Monats.*

3. **Uno** und **una** richten sich nach dem **Genus** des Substantivs, auch in allen Zusammensetzungen, ebenso ciento von 200 bis 900.

Es la **una** (hora) y veinticinco.	*Es ist 1 Uhr 25.*
Tres cuartos de litro cuestan doscient**as** peset**as**.	*³/₄ Liter kosten 200 Peseten.*

4. Beim Datum steht **de** vor dem Monatsnamen und vor der Jahreszahl. **de** steht auch nach millón bzw. millones.

Yo nací el 31 **de** mayo **de** 1969.	*Ich bin geboren am 31. Mai 1969.*
En España hacen vacaciones muchos millones **de** turistas.	*In Spanien machen viele Millionen Touristen Urlaub.*

II. Die Ordnungszahlen

1.
1. primero, -a	**6.** sexto, -a
2. segundo, -a	**7.** séptimo, -a
3. tercero, -a	**8.** octavo, -a
4. cuarto, -a	**9.** noveno, -a
5. quinto, -a	**10.** décimo, -a

Die Ordnungszahlen werden im allgemeinen **nur bis 10.** gebraucht. Bei höheren Zahlen werden sie durch die entsprechenden Grundzahlen ersetzt.

La **segunda** clase.	*Die zweite Klasse.*
El capítulo **veinticinco.**	*Das 25. Kapitel.*

2. Die Ordnungszahlen werden wie Adjektive verändert. Vor männlichen Substantiven stehen primero und tercero in der verkürzten Form.

El quint**o** tom**o**.	*Der fünfte Band.*
La cuart**a** edici**ón**.	*Die vierte Auflage.*
El prime**r** añ**o**.	*Das erste Jahr.*

3. Bei der Angabe des Datums wird nur beim Monatsersten die Ordnungszahl verwendet, vom zweiten Tag an stehen die Grundzahlen.

El **primero** de mayo.	*Der erste Mai.*
El **cuatro** de enero.	*Der vierte Januar.*

III. Die Uhrzeit

1. Die Frage nach der Uhrzeit ist immer im Singular, die Antwort steht, je nachdem, im Singular oder Plural.

¿Qué hora **es**?	*Wie spät ist es?*
Es la una.	*Es ist ein Uhr.*
Son las cuatro.	*Es ist vier Uhr.*

2. Es wird bis einschließlich halb hinzugezählt (**y**), nach halb wird von der folgenden Stunde abgezogen (**menos**).

¿Es la una **y** veinticinco?	*Ist es 1 Uhr 25?*
¿Es la una **y** media?	*Ist es halb zwei Uhr?*
¿Son las dos **menos** veinticinco?	*Ist es 25 vor zwei Uhr?*

IV. Die Monate des Jahres

enero	*Januar*	julio	*Juli*
febrero	*Februar*	agosto	*August*
marzo	*März*	septiembre	*September*
abril	*April*	octubre	*Oktober*
mayo	*Mai*	noviembre	*November*
junio	*Juni*	diciembre	*Dezember*

Übungen **8 C**

1. Beantworten Sie die Fragen schriftlich nach folgendem Muster:

Beispiel: – ¿Qué hora es, la una y cuarto o la una menos cuarto? / 13^{15}
– En mi reloj es la una y cuarto.

¿Qué hora es, la una menos cuarto o las doce y cuarto? / 12^{45} – ¿Qué hora es, las dos y cuarto o las dos y media? / 14^{30} – ¿Qué hora es, las ocho o las nueve? / 20^{00} – ¿Qué hora es en tu reloj, las dos o las tres? / 15^{00} – Por favor, ¿qué hora tiene Vd., las siete menos veinte o menos cuarto? / 18^{45} – ¿Qué hora tienes tú? / 13^{30} – ¿Qué hora tienes en tu reloj, las cuatro o las cuatro y cinco? / 16^{05} – ¿Qué hora es en tu reloj, las doce y cuarto o las doce y media? / 12^{15} – ¿Qué hora es en este momento? / 11^{25} – ¿Qué hora tiene Vd., por favor? / 9^{36}

2. Beantworten Sie die Fragen schriftlich nach folgendem Muster:

Beispiel: – ¿A qué hora tomamos el tren? / 20⁰⁰
– Tomamos el tren a las ocho.

¿A qué hora es la reunión de esta noche? / 21⁰⁰ – ¿A qué hora llegamos allí? / 20⁴⁵ – ¿Cuándo debemos comprar? / ahora – ¿Cuándo es la reunión? / esta noche – ¿Cuándo tienes tiempo libre? / hoy por la tarde – ¿A qué hora toma ella lecciones particulares? / 12³⁰ – ¿Cuándo tiene Vd. la entrevista con el director? / hoy por la mañana – ¿A qué hora es la cita? / 10³⁰ – ¿A qué hora vamos al cine? / 20³⁰ – ¿A qué hora cogemos el tren? / 20⁰⁰

3. Beantworten Sie die Fragen schriftlich nach folgendem Muster:

Beispiel: – ¿Cuándo es tu cumpleaños? / 31 del 5
– Mi cumpleaños es **el** treinta y uno **de** mayo.

¿Cuándo es el cumpleaños de Roberto? / 20 del 6 – ¿Cuándo es el cumpleaños del director? / 21 del 12 – ¿Cuándo es la fiesta? / 15 del 1 – ¿Cuándo tiene él la entrevista? / 16 del 2 – ¿Qué día tienen otra cita? / 26 del 3 – ¿Qué día van al cine? / sábado – ¿Qué días está Vd. libre? / lunes, martes y miércoles – ¿Qué días tiene ella lecciones particulares? / jueves y viernes – ¿Cuándo, qué día vuelven Vds. a casa? / 29 del 7 – ¿Cuándo, qué día empieza Vd. a trabajar de nuevo? / 1 del 8

4. Beantworten Sie die Fragen schriftlich nach folgendem Muster:

Beispiel: – ¿Qué fecha es hoy? / 16-5-1980
– Hoy es **el** dieciséis **de** mayo **de** mil novecientos ochenta.

¿Qué fecha es mañana? / 17-5-1980 – ¿Qué fecha es en cuatro días? / 21-5-1980 – ¿Qué fecha es en dieciséis días? / 1-6-1980 – ¿Qué fecha es en un año? / 16-5-1981 – ¿De qué día es este periódico? / del 1-4-1977 – ¿De qué día es ese periódico? / del 31 pasado – ¿De cuándo es esa revista? / de la semana pasada – ¿De cuándo es esa propaganda? / del año pasado – ¿Cuándo hace Vd. un viaje a Canarias? / 1-7-1983 – ¿Cuándo empieza Vd. a trabajar en España? / 1-1-1985

5. Beantworten Sie die Fragen schriftlich nach folgendem Muster:

Beispiel: – ¿Cuál es tu número de teléfono? / 2 18 28 38
– Mi número de teléfono es el dos dieciocho veintiocho treinta y ocho.

¿En qué número vive Roberto? / 1 15 – ¿En qué número vives tú? / 1 00 – ¿Qué número de teléfono tiene Vd.? / 5 15 25 35 – ¿Cuánto cuesta el vino? / 345 pesetas – ¿Cuánto vino hay en la botella? / $^3/_4$ de litro – ¿Cuánto vino hay en esa otra? / $^1/_2$ litro – ¿Cuántos días hay en un año? – ¿Cuántos días tiene enero? – ¿Cuántos turistas hacen vacaciones en España? / muchos millones ... – ¿Cuántos estudiantes hay en esta ciudad? / 21.000

Vokabeln   8 D

por favor	bitte
¿qué hora es?	wieviel Uhr ist es?
¿es la una y veinticinco?	ist es ein Uhr fünfundzwanzig?
¿es la una y media?	ist es ein Uhr dreißig?
¿son las dos menos veinticinco?	ist es fünfundzwanzig vor zwei?
el reloj	Uhr
no anda muy bien	geht nicht sehr genau
pues	also
la/el mía/-o	meine/-r
mucho mejor	viel besser
es la una y cuarto	es ist Viertel nach eins
¿a qué hora?	um wieviel Uhr?
la reunión	Treffen
de esta noche	von heute abend
¿a las ocho o a las nueve?	um acht oder um neun Uhr?
el tren de las ocho	der 8-Uhr-Zug
debemos comprar	wir müssen einkaufen
el supermercado	Supermarkt
tenemos que pensar	wir müssen denken
cuánto	wieviel
gastar	ausgeben
comparar	vergleichen
tres cuartos de litro	drei Viertel Liter
doscientas pesetas	200 Peseten
la marca	Marke
treinta y cinco	35
para mi cumpleaños	zu meinem Geburtstag
voy a dar	ich werde geben
excepcional	außergewöhnlich
mi cumpleaños	mein Geburtstag
es el treinta y uno	ist am 31.
el mes	Monat
es un domingo	es ist ein Sonntag
la fecha	Datum
el sábado	Samstag
es el dieciséis de mayo	es ist der 16. Mai
faltan	es fehlen
en quince días	in 14 Tagen
yo nací	ich wurde geboren
así que	also
el próximo treinta y uno	am nächsten 31.
cumplo veintiún años	werde ich 21 Jahre alt
¿cuántos tienes tú?	wie alt bist du?
veintiúno	21
veintidós	22
¿qué día?	an welchem Tag?
ya sé	ich weiß schon
es el veinte de junio	es ist am 20. Juni
vamos a casa de Roberto	wir gehen zu Roberto
la dirección	Adresse
no importa	es macht nichts
el número	Nummer
el teléfono	Telefon
de memoria	auswendig
la calle	Straße
la estación	Bahnhof
espera	warte
ciento cinco	105
cien	100
la duda	Zweifel
en todo caso	jedenfalls

9. Stunde

¿No pasa realmente nada? 9 A

Munich, 1 de mayo de 1985

Estimado José:

No sé cuánto tiempo hace que no me escribes y que no sé nada de ti. No escribes ni llamas por teléfono tampoco.

¿No pasa realmente nada? Si pasa algo ya sabes dónde estoy. No hablamos nunca de esto, pero es claro que puedes contar con toda mi ayuda.

En fin, si no necesitas nada, mejor así. Pero seguramente puedes tú hacer algo por mí. Mira, tengo aquí unos amigos que quieren pasar unas semanas en España. En principio todos tienen interés, pero es claro que algunos de ellos no van. Ahora bien, alguno va con toda seguridad.

En este tiempo naturalmente quieren hacer alguna cosa interesante. No quieren estar en la playa sin hacer nada. No quieren estar en un solo lugar tampoco. Más concretamente, quieren ver algo del interior del país, conocer a alguien, tener algún contacto con la gente.

Ahora, la cosa no es nada fácil, pues ninguno de ellos habla español. Yo no puedo ir, porque en esta época no tengo tiempo para nada. Por otra parte, no conozco a nadie sino a ti. Posiblemente puedes hacer algo. Si tampoco tú tienes tiempo, quizá me puedes dar alguna referencia.

Saludos. Hasta la tuya. Roberto

Erläuterungen 9 B

Die Negation (Verneinung)

1. **no** steht für **nein** und **nicht**. Es steht unmittelbar vor dem Verb, in zusammengesetzten Zeiten vor dem Hilfsverb.

Vd. **no** es español, ¿verdad?	*Sie sind kein Spanier, nicht wahr?*
No, yo soy alemán.	*Nein, ich bin Deutscher.*
Pero comprende bien.	*Aber Sie verstehen gut.*
No (comprendo bien) siempre.	*Nicht immer.*
¿Qué es eso?	*Was ist das?*
No lo sé.	*Ich weiß es nicht.*

2. Ein zweiter und jeder weitere verneinte Satz wird mit **ni** weitergeführt. **Ni** ... **ni** bedeutet weder ... noch.

No escribes **ni** llamas por teléfono.	*Du schreibst nicht und rufst auch nicht an.*
No escribes **ni** llamas **ni** preguntas **ni** ...	*Du schreibst nicht, rufst nicht an, fragst nicht ...*
Ni él **ni** su hermana pueden venir.	*Weder er noch seine Schwester können kommen.*

3. Stehen **negative** Adverbien oder Pronomina nach dem Verb, so muß auch vor dem Verb eine **Verneinung** erfolgen.

Yo **no** conozco a **nadie**.	*Ich kenne niemanden.*
No recibimos **ningún** periódico.	*Wir bekommen keine Zeitung.*
No pasa **nada** realmente.	*Es geschieht eigentlich nichts.*
No hablamos **nunca** de esto.	*Wir sprechen nie davon.*
No escribes **ni** llamas por teléfono **tampoco**.	*Du schreibst nicht und rufst auch nicht an.*
No quieren estar **sin** hacer **nada**.	*Sie wollen nicht da sein ohne etwas zu tun.*

4. Negative Pronomina stehen auch häufig **vor dem Verb**, vor allem, wenn sie besonders betont werden.

– ¿Qué pasa? – **Nada** pasa.	*Was ist los? – Nichts ist los.*
– ¿Qué quieren hacer? – **Nada** quieren hacer.	*Was wollen sie tun? – Nichts wollen sie tun.*
– ¿Cuántos de ellos hablan español? – **Ninguno** habla español.	*Wieviele von ihnen sprechen Spanisch? Keiner von ihnen spricht Spanisch.*
– Ella no tiene empleo, ¿y su mujer? – Mi mujer **tampoco** tiene.	*Sie hat keine Arbeit, und Ihre Frau? Meine Frau auch nicht.*
– ¿Cuándo tienes tiempo libre? – **Nunca**.	*Wann hast Du frei? – Nie.*
– ¿Quién va a pie? – **Nadie** va a pie.	*Wer geht zu Fuß? Niemand geht zu Fuß.*

5. Mit der negativ formulierten Frage gibt der Fragende bereits zu verstehen, daß er eine negative Antwort erwartet.

Vd. **no** es español, ¿verdad? – **No**, yo **no** soy español.	*Sie sind kein Spanier, nicht wahr? Nein, ich bin kein Spanier.*
No pasa nada, ¿verdad? – **No, no** pasa nada.	*Es passiert nichts, nicht wahr? – Nein, es passiert nichts.*

Übungen 9 C

1. Beantworten Sie die Fragen nach folgendem Muster:

Beispiel: – ¿Escribe su amigo o llama por teléfono?
– **Ni** escribe **ni** llama por teléfono.

¿Quieren ver el interior o quieren tener contacto con la gente? – ¿Hablan o comprenden español? – ¿Tiene o da referencias? – ¿Es español o está en España? – ¿Quiere o puede también dar referencias? – ¿Viene de Madrid o va a Madrid? – ¿Cómo, compras o vendes el coche? – ¿Llegan a casa o salen de casa en este momento? – ¿Cree Vd. en la objetividad o desea la objetividad? – ¿Qué dice Vd., escucha las noticias o lee el periódico?

2. Beantworten Sie die Fragen nach folgendem Muster:

Beispiel: – ¿Cuántos museos ven?
– **Ninguno. No** ven **ningún** museo.

¿Cuántos amigos españoles van? – ¿Cuántas semanas pasan en la playa? – ¿Cuántas referencias da el amigo? – ¿Cuántos contactos tienen con la gente? – ¿Cuántos relojes andan bien? – ¿En qué reloj es la una menos cuarto? En... – ¿Cuántos viajes hacen a las ciudades de la costa? – ¿Cuántas ciudades de la costa ven? – ¿Cuántas mesas libres hay en el restaurante? – ¿Cuántos invitados van a pie a la fiesta?

3. Beantworten Sie die Fragen nach folgendem Muster:

Beispiel: – No pasa **nada**, ¿verdad?
– **No, no** pasa **nada**.

No necesitas nada, ¿verdad? – No conocen a nadie, ¿verdad? – Él no tiene tiempo para nada, ¿verdad? – Ellos no quieren estar en la playa sin hacer nada, ¿verdad? – Su reloj no va nada mejor, ¿verdad? – Su amigo no recuerda nada, ¿no? – La cuestión no es nada fácil, ¿no? – Este año no calienta nada, ¿verdad? – En el coche no cabe nada más, ¿no? – El no oye ni ve nada, ¿verdad?

4. Beantworten Sie die Fragen nach folgendem Muster:

Beispiel: – ¿Cuándo hablan ellos de este tema?
– **Nunca. No** hablan de este tema **nunca**.

¿Cuándo llama él por teléfono? – ¿Cuándo puede él ir a España? – ¿Cuándo llegan ellos a casa con un periódico? – ¿Cuándo escuchan Vds. las noticias de la radio? – ¿Qué días coge ella el autobús? – ¿En qué momentos piensa Vd. en la propaganda? – ¿Cuándo son los defectos del coche nulos? – ¿Cuándo es un coche barato? – ¿Qué días está ahora libre el corresponsal? – ¿Qué días trabaja su señora?

5. Setzen Sie das passende Wort ein:

La cosa es (algo/nada) complicada, pues (alguno/ninguno) de ellos (no/nada) habla español. Yo (no/siempre) puedo ir (también/tampoco) porque en esta época (no/nada) tengo (mucho/poco) tiempo. Por otra parte, conozco a (alguien/nadie), pero (no/siempre) está (sin/nunca) en Madrid. Posiblemente puedes tú hacer (alguna/ninguna) cosa. Si (no/tampoco) tienes tiempo (también/tampoco), quizá me puedes dar (algún/alguna/algunas/ninguna) referencia.

Vokabeln   9 D

¿no pasa nada?	passiert nichts?
realmente	wirklich
estimado José	lieber José
no sé cuánto tiempo hace que	ich weiß nicht seit wann
de ti	von dir
no escribes ni llamas por teléfono	weder schreibst du, noch rufst du an
si pasa algo	wenn etwas passiert
no hablamos nunca	wir sprechen nie
de esto	davon
es claro que	natürlich
contar con	rechnen mit
la ayuda	Hilfe
en fin	schließlich
mejor así	umso besser
seguramente	sicherlich
por mí	für mich, wegen mir
pasar unas semanas	einige Wochen verbringen
en principio	im Prinzip
algunos de ellos	einige von
ahora bien	nun gut
alguno	jemand
con toda seguridad	ganz bestimmt
naturalmente	natürlich
alguna cosa	irgend etwas
la playa	Strand
sin hacer nada	ohne etwas zu tun
solo/-a	einzig
el lugar	Platz, Stelle
más concretamente	besser gesagt
el interior del país	Landesinnere
algún contacto	etwas Kontakt
la gente	Leute
ahora	nun
no es nada fácil	es ist gar nicht einfach
pues	denn
en esta época	um diese Zeit
no tengo tiempo para nada	ich habe für nichts Zeit
por otra parte	anderseits
no conozco a nadie sino a ti	ich kenne niemand außer dir
si tampoco tú tienes tiempo	wenn auch du keine Zeit hast
quizá me puedes dar alguna referencia	vielleicht kannst du mir jemanden empfehlen
el saludo	Gruß
hasta la tuya	bis bald

10. Stunde

Eso ya lo sabes tú   **10 A**

Madrid, 20 de mayo del 85
Querido amigo Roberto:
Finalmente tomo la pluma; esta vez la tomo en serio.

Me preguntas en tu carta que por qué no te escribo. ¿Qué te puedo decir? Eso ya lo sabes tú. Es que prácticamente no tengo tiempo para nada. Es así, no lo tengo. Tú me conoces y sabes cómo te estimo y cómo estimo nuestra amistad. ¿Que por qué no te llamo? Tienes razón; la tienes porque, aunque tengo poco dinero, a veces lo gasto en cosas menos importantes.

Bueno, lo importante es que me va bien. Desde luego te doy las gracias por tu interés y por tus sentimientos.

¿Cuándo dices que vienen tus amigos? Si vienen a fines de julio, les dices que no hay problema. Yo tengo por lo menos 15 días libres; los tengo a fines de julio y a primeros de agosto.

Si vienen antes hablo con una amiga, Carmen. ¿No la conoces tú? Creo que la conoces.

Si vienen a mediados de agosto posiblemente les acompaña Carlos. A Carlos también le conoces, ¿no?

Bueno, si tenemos dificultades las solucionamos y basta; seguro que lo arreglamos todo bien.

Oye, Roberto, desde hace algún tiempo conozco a una chica que me tiene un poco loco. Como a mí, le gusta mucho la música. Por esto te quiero pedir un favor. ¿Por qué no nos envías un magnetofón por medio de tus amigos? También por medio de ellos te podemos enviar el dinero, ¿no?

Nada más por hoy. Te saludo cordialmente.   José

Erläuterungen   **10 B**

I. Personalpronomen (persönliche unbetonte Fürwörter) im Dativ und Akkusativ.

1. Das persönliche Fürwort für Dinge im Akkusativ ist männlich **lo**, Plural **los**, weiblich **la**, Plural **las**, sowie sächlich **lo**.

No tengo tiempo; así es, no **lo** tengo.	*Ich habe keine Zeit; so ist es, ich habe sie nicht.*
Tomo la pluma; esta vez **la** tomo en serio.	*Ich nehme den Federhalter; diesmal nehme ich ihn wirklich.*
Tengo 15 días libres; **los** tengo a fines de julio.	*Ich habe 15 Tage frei; ich habe sie Ende Juli.*
Si tenemos dificultades **las** solucionamos.	*Wenn wir Schwierigkeiten haben, lösen wir sie.*
Tú ya sabes eso; **lo** sabes muy bien.	*Du weißt das ja; Du weißt es sehr gut.*

2.

Nominativ		Akkusativ	
yo	*ich*	**me**	*mich*
tú	*du*	**te**	*dich*
él	*er*	**le (lo)**	*ihn (es)*
ella	*sie*	**la**	*sie*
usted	*Sie*	**le/la**	*Sie*
nosotros/-as	*wir*	**nos**	*uns*
vosotros/-as	*ihr*	**os**	*euch*
ellos	*sie*	**les (los)**	*sie*
ellas	*sie*	**les/las**	*sie*
ustedes	*Sie*	**les/las**	*Sie*

Der Akkusativ des männlichen Fürworts der 3. Person (Singular und Plural) weist zwei Formen auf: **le (les)** bezieht sich auf Personen, **lo (los)** auf Sachen.

Tú me conoces y sabes cómo **te** estimo.	*Du kennst mich und weißt, wie ich Dich schätze.*
Yo creo que **le** conozco, señor. Vd. es el periodista.	*Ich glaube, ich kenne Sie, mein Herr. Sie sind der Journalist.*
Yo también creo que **la** conozco, señora.	*Ich glaube, ich kenne Sie auch, meine Dame.*
Carmen es una buena amiga. ¿No **la** conoces?	*Carmen ist eine gute Freundin. Kennst Du sie nicht?*
Si tus amigos vienen a mediados de agosto **les** acompaña Carlos.	*Wenn Deine Freunde Mitte August kommen, begleitet sie Carlos.*
¿Dónde está el magnetofón? No **lo** veo.	*Wo ist das Tonbandgerät? Ich sehe es nicht.*

3.

Nominativ		Dativ	
yo	*ich*	me	*mir*
tú	*du*	te	*dir*
él	*er*	le	*ihm*
ella	*sie*	le	*ihr*
usted	*Sie*	le	*Ihnen*
nosotros/-as	*wir*	nos	*uns*
vosotros/-as	*ihr*	os	*euch*
ellos	*sie*	les	*ihnen*
ellas	*sie*	les	*ihnen*
ustedes	*Sie*	les	*Ihnen*

Die unbetonten Formen der persönlichen Fürwörter im Dativ und im Akkusativ stehen in der Regel unmittelbar vor dem Verb.

¿Que por qué no **te** escribo?	*Warum ich Dir nicht schreibe?*
¿Qué **te** puedo decir?	*Was kann ich Dir sagen?*
Lo importante es que **me** va bien.	*Das Wichtigste ist, daß es mir gut geht.*
Conozco a una chica; **le** gusta mucho la música.	*Ich kenne ein Mädchen; ihr gefällt die Musik sehr gut.*
¿Por qué no **nos** envías un magnetofón?	*Warum schickst Du uns kein Tonbandgerät?*
Si vienen tus amigos **les** dices que no hay problema.	*Wenn Deine Freunde kommen, sag ihnen, daß es keine Probleme gibt.*
¿Qué **le** parece a Vd.?	*Was meinen Sie?*

4. Im Spanischen wird oft ein Substantiv im Akkusativ oder Dativ in Form des verbundenen persönlichen Fürwortes wiederholt, wobei das persönliche Fürwort immer direkt vor dem Verb steht.

Eso ya **lo** sabes tú.	*Das weißt Du ja schon.*
A **Carlos** también **le** conoces, ¿no?	*Carlos kennst Du auch, nicht wahr?*
Seguro que **lo** arreglamos **todo** bien.	*Sicher regeln wir alles gut.*
¿Qué **le** parece a **usted**?	*Was meinen Sie?*
Esta mesa ya **la** tienen dos señores.	*Diesen Tisch haben schon zwei Herren.*

II. Verben mit Unregelmäßigkeiten im Präsens

1. **enviar** *schicken* ist eines der Verben auf -iar, bei denen der Stammvokal **-i-** in der 1., 2., 3. Person Singular und in der 3. Person Plural einen **Akzent** bekommt.

enviar *schicken*
envío, envías, envía, enviamos, enviáis, envían

2. Die meisten Verben auf -cer ersetzen in der 1. Person Singular im Präsens das **-c-** durch **-zc-**.

conocer *kennen*	ofrecer *anbieten*
conozco	ofrezco
conoces	ofreces
conoce	ofrece
conocemos	ofrecemos
conocéis	ofrecéis
conocen	ofrecen

Übungen **10 C**

1. Ersetzen Sie die Substantive durch persönliche Fürwörter nach folgendem Muster:

Beispiel: – Finalmente tomo **la pluma**; esta vez **la** tomo en serio.

Finalmente escribo una carta; ... – Finalmente te doy las gracias; ... – Finalmente hay un problema; ... – Finalmente tengo 15 días libres; ... – Finalmente solucionamos las dificultades; ... – Finalmente arreglamos todo; ... – Finalmente envía un magnetofón; ... – Finalmente enviamos el dinero; ...– Finalmente ofrece toda su ayuda; ... – Finalmente pasan ellos unas semanas en España; ...

2. Antworten Sie mit einem persönlichen Fürwort nach folgendem Muster:

Beispiel: – ¿No conoces a Carmen?
– Sí, creo que la conozco.

¿No te estima mucho Carmen? – ¿No acompaña Carlos a tus amigos? – ¿No tienes un poco loca a Carmen? – ¿No os saluda Roberto cordialmente en su carta? – ¿No estima Roberto mucho a sus amigos? – ¿No estima Roberto mucho a su amiga? – ¿No llama Roberto por teléfono a los amigos? – ¿No te llama Roberto por teléfono mañana? – ¿No nos necesita Roberto ahora? – ¿No os quiere ver Roberto más tarde?

3. Setzen Sie die richtige Form des Fürwortes nach folgendem Muster ein:

Beispiel: – Si vienen tus amigos ... acompaña Carlos.
– Si vienen tus amigos **les** acompaña Carlos.

Si tomo la pluma ... tomo en serio. – Roberto, si no ... escribo es porque no tengo tiempo. – Señor director, si no ... llamo por teléfono es porque no tengo dinero. – Señora, si no ... saludo es porque no ... conozco. – Si viene tu amigo ... dices que no hay problema. – Eso que dice no ... comprendo. – ¿Sabes qué pasa? – Sí, ya ... sé. – ¿Hay alguna dificultad? – No, no ... hay. – Si hay algún problema ... solucionamos. – El problema ... solucionamos rápidamente.

4. Wiederholen Sie den Dativ bzw. Akkusativ nach folgendem Muster:

Beispiel: – ¿Cómo gastas el dinero? / en cosas poco importantes
– **El dinero lo** gasto en cosas poco importantes.

¿Cómo estimas nuestra amistad? / mucho – ¿Quién tiene la razón? / Roberto – ¿Quién conoce también a Carmen? / Roberto – ¿A quién acompaña Carlos? / a los amigos – ¿Por qué tienen las dificultades? / porque no tienen tiempo – ¿A quién gusta mucho la música? / a mí – ¿A quién gusta también mucho la música? / a mi amiga – ¿A quién tiene un poco loco la chica? / a mí – ¿A quién envía Roberto un magnetofón? / a los amigos – ¿A quién envían ellos el dinero? / a Roberto

5. Setzen Sie die richtige Form ein:

Queridos amigos:
Finalmente (os/les) escribimos.
(nos/os) preguntáis que por qué no (nos/os) escribimos. ¿Qué (les/os) podemos decir? Eso ya (le/los/lo) sabéis vosotros. Es que no tenemos tiempo para nada. Es así, no (le/lo) tenemos. Vosotros (me/os/nos) conocéis y sabéis cómo (os/les) estimamos. ¿Que por qué no (nos/os) llamamos? Tenéis razón; realmente (lo/le/la) tenéis.

Vokabeln 10 D

eso ya lo sabes tú	das weißt du schon	si vienen antes	wenn sie vorher kommen
querido/-a	lieb	la amiga	Freundin
finalmente	endlich	¿no la conoces tú?	kennst du sie nicht?
la pluma	Federhalter	creo que la conoces	ich glaube, du kennst sie
esta vez	diesmal		
la tomo	ich nehme sie	a mediados de agosto	Mitte August
en serio	im Ernst, wirklich		
me preguntas	du fragst mich	les acompaña Carlos	Carlos begleitet sie
la carta	Brief		
que por qué no te escribo	warum ich dir nicht schreibe	a Carlos también le conoces	Carlos kennst du auch
¿qué te puedo decir?	was kann ich dir sagen?	la dificultad	Schwierigkeit
es que	es ist, weil	las solucionamos	wir beheben sie
no lo tengo	ich habe sie nicht	y basta	und basta, fertig, Schluß
sabes cómo te estimo	du weißt, wie sehr ich dich schätze	seguro que	es ist sicher, daß
la amistad	Freundschaft	lo arreglamos todo	wir regeln alles
¿que por qué no te llamo?	warum rufe ich dich nicht an?	oye, Roberto	hör mal, Roberto
tienes razón	du hast recht	desde hace algún tiempo	seit einiger Zeit
la tienes	du hast sie	la chica	Mädchen
el dinero	Geld	que me tiene un poco loco	das mich ein bißchen verrückt macht
lo gasto	ich gebe es aus		
menos importantes	weniger wichtig	como a mí	wie mir
me va bien	es geht mir gut	le gusta mucho	ihr gefällt sehr
desde luego	natürlich	la música	Musik
te doy las gracias por tu interés y por tus sentimientos	ich danke dir für dein Interesse und deine Gefühle	por esto	deshalb
		pedir	bitten
		el favor	Gefallen
a fines de julio	Ende Juli	enviar	schicken
les dices que	du sagst ihnen, daß	el magnetofón	Tonbandgerät
no hay problema	es gibt kein Problem	por medio de	mittels, über
los tengo	ich habe sie	por hoy	für heute
a primeros de agosto	Anfang August	saludar	grüßen
		cordialmente	herzlich

11. Stunde

Se aburre como un tonto 11 A

— ¡Ay, qué aburrido! ¿Cómo se divierte esta gente? La mayoría no hace nada en la playa. Uno toma una hamaca, uno se echa y no se levanta. Sin hacer nada yo me aburro como un tonto. ¿Por qué te ríes?

— ¿Que por qué me río? Si te aburres como un tonto, ¿por qué no haces nada? ¿Por qué no te bañas? Otros días te bañas, te mueves, no te sientas un momento, y hoy ni siquiera te quitas la ropa. ¿Por qué no te pones el bañador?

– ¿Pero no sabes que hoy no quiero bañarme? En serio, me encuentro un poco enfermo, ¡y tú te ríes!

– Lo siento. No quería molestarte.

– Ah, más bien es mi culpa. A veces me enfado por una tontería.

– No tiene importancia. Pero mira, ¿qué se hace en la playa, qué puede uno hacer? Unos se bañan, otros pasean, otros juegan, y la mayoría toma el sol y descansa.

– De todas formas, yo no quiero quedarme mucho tiempo. ¿Hasta qué hora te quieres quedar tú?

– Yo me encuentro muy bien aquí, pero alguna vez nos tenemos que ir. ¿Por qué no te informas del programa de esta noche en la Sala de Fiestas . . .? ¿Cómo se llama esa sala?

– ¿Cuál, la de al lado del cine? No me acuerdo. Es una palabra que significa . . . ¿No sabes tú que aquí en este pueblo se habla casi exclusivamente dialecto? Espera, ¿cómo se dice . . ., cómo dice uno en español . . .? Bah, no sé. ¿Sabes qué? Voy ahí al bar a pedir algo de beber. Tengo sed. Al mismo tiempo acaso me entero del nombre y del programa. ¿Pido algo para ti?

– No. Voy contigo.

Erläuterungen **11 B**

I. Reflexive (rückbezügliche) Verben und Personalpronomen

1.

Fürwörter im Nominativ		unbetonte Fürwörter im Akkusativ		unbetonte Fürwörter im Dativ		reflexive Fürwörter	
yo	*ich*	me	*mich*	me	*mir*	**me**	*mich*
tú	*du*	te	*dich*	te	*dir*	**te**	*dich*
él	*er*	le (lo)	*ihn (es)*	le	*ihm*	**se**	*sich*
ella	*sie*	la	*sie*	le	*ihr*	**se**	*sich*
usted	*Sie*	le/la	*Sie*	le	*Ihnen*	**se**	*sich*
nosotros/-as	*wir*	nos	*uns*	nos	*uns*	**nos**	*uns*
vosotros/-as	*ihr*	os	*euch*	os	*euch*	**os**	*euch*
ellos	*sie*	les (los)	*sie*	les	*ihnen*	**se**	*sich*
ellas	*sie*	las	*sie*	les	*ihnen*	**se**	*sich*
ustedes	*Sie*	les/las	*Sie*	les	*Ihnen*	**se**	*sich*

Einige Verben mit rückbezüglicher Bedeutung:

El **se aburre** como un tonto.	*Er langweilt sich wie verrückt.*
La mayoría **se echa** y no **se levanta**.	*Die meisten legen sich hin und stehen nicht mehr auf.*
Otros días **te bañas, te mueves**, no **te sientas**.	*Sonst badest Du, bewegst Dich und setzt Dich nicht hin.*
A veces **me enfado** por una tontería.	*Manchmal ärgere ich mich wegen einer Kleinigkeit.*
¿Por qué no **te informas** del programa de esta noche?	*Warum informierst Du Dich nicht über das Programm von heute abend?*
No **me acuerdo**.	*Ich erinnere mich nicht.*

2. Einige Verben, die nur im Spanischen eine rückbezügliche Bedeutung haben:

¿Cómo **se llama** esa sala?	*Wie heißt dieser Saal?*
¿Por qué **te ríes**?	*Warum lachst Du?*
No necesita más que **fijarse** en el anuncio siguiente.	*Sie brauchen nur auf die folgende Anzeige zu achten.*

3. Einige Verben, die durch den rückbezüglichen Gebrauch eine andere Bedeutung erhalten haben.

ir	*gehen, sich begeben*	irse	*weggehen*
dormir	*schlafen*	dormirse	*einschlafen*
quedar	*übrigbleiben*	quedarse	*bleiben*
llamar	*rufen*	llamarse	*heißen*

4. Die reflexiven Fürwörter stehen oft für die Umschreibung des **Passivs** oder des unbestimmten Subjekts **man**. **Man** wird auch oft mit **uno** umschrieben, das bei reflexiven Verben noch zusätzlich angegeben wird.

¿Qué **se hace** en la playa, qué puede **uno** hacer?	*Was macht man am Strand, was kann man machen?*
¿Cómo **se dice** . . ., cómo dice **uno** en español?	*Wie sagt man . . ., wie sagt man auf Spanisch?*
En este pueblo **se habla** casi exclusivamente dialecto.	*In diesem Dorf spricht man fast ausschließlich Dialekt.*
Uno toma una hamaca, **uno** se echa y no se levanta.	*Man nimmt sich einen Liegestuhl, legt sich hin und steht nicht wieder auf.*

II. Stellung der unbetonten Personalpronomen beim Infinitiv

Wie die anderen unbetonten Fürwörter im Akkusativ und Dativ, stehen auch die rückbezüglichen Fürwörter in der Regel vor der konjugierten Form des Verbs, werden jedoch, wie die anderen Formen, auch an den Infinitiv angehängt.

Me encuentro un poco enfermo.	*Ich fühle mich ein bißchen krank.*
Yo no quiero quedar**me**. ¿Hasta qué hora **te** quieres quedar tú?	*Ich will nicht bleiben. Wie lange willst Du bleiben?*
No quería molestar**te** = no **te** quería molestar.	*Ich wollte Dich nicht ärgern.*
Alguna vez tenemos que ir**nos** = alguna vez **nos** tenemos que ir.	*Einmal müssen wir gehen.*

III. Verben mit Unregelmäßigkeiten im Präsens

1. Verben, die in der 1., 2. und 3. Person Singular und in der 3. Person Plural den Stammvokal -e- durch -i- ersetzen.

pedir *verlangen*	reírse *lachen*
pido	me río
pides	te ríes
pide	se ríe
pedimos	nos reímos
pedís	os reís
piden	se ríen

2. Verben, die den Stammvokal -e- durch -ie- ersetzen: siehe 7. Stunde.

divert**i**rse	*sich amüsieren*	me div**ie**rto ...
sent**a**rse	*sich setzen*	me s**ie**nto ...
sent**i**r	*fühlen*	s**ie**nto ...

3. Verben, die den Stammvokal -o- durch -ue- ersetzen: siehe 7. Stunde.

| ac**o**rdarse | *sich erinnern* | me ac**ue**rdo ... |
| m**o**verse | *sich bewegen* | me m**ue**vo ... |

Übungen   **11 C**

1. Beantworten Sie die Fragen nach folgendem Muster:

Beispiel: – ¿Qué hace esta gente? / divertirse
– Esta gente se divierte.

¿Qué hace la mayoría? / echarse en una hamaca – ¿Qué hace la mayoría? / no levantarse – ¿Qué hacen algunos? / bañarse – ¿Qué hace este señor? / aburrirse como un tonto – ¿Qué hace ella? / reírse – ¿Qué hace él otros días? / moverse y no sentarse un momento – ¿Qué hace él hoy? / ni siquiera quitarse la ropa – ¿Qué hace él a veces? / enfadarse por una tontería – ¿Qué hace la mayoría? / quedarse en la playa mucho tiempo – ¿Qué hace él en el bar? / informarse del programa

2. Beantworten Sie die Fragen nach folgendem Muster:

Beispiel: – ¿Por qué no te bañas?
– Pero ¿no sabes que no quiero bañarme?

¿Por qué no te mueves? – ¿Por qué no te quitas la ropa? – ¿Por qué no te diviertes? – ¿Por qué no te ríes? – ¿Por qué no te sientas un momento? – ¿Por qué no te quedas más tiempo? – ¿Por qué no te vas? – ¿Por qué no te echas en la hamaca? – ¿Por qué no te acuerdas? – ¿Por qué no te informas del programa?

3. Beantworten Sie die Fragen nach folgendem Muster:

Beispiel: – ¿Tiene **importancia** la cosa o no **la** tiene?
– Ni **la** tiene ni **la** puede tener.

¿Toman el sol o no lo toman? – ¿Toman la hamaca o no la toman? – ¿Te aburres o no te aburres? – ¿Lo sientes o no lo sientes? – ¿Se informan Vds. o no se informan? – ¿Se quedan Vds. o no se quedan? – ¿Escribe José a su amigo o no le escribe? – ¿Envía Roberto el magnetofón o no lo envía? – ¿Envían ellos el dinero o no lo pueden enviar? – ¿Tiene José razón o no la tiene?

4. Beantworten Sie die Fragen nach folgendem Muster:

Beispiel: – ¿Se dice **esto** así?
– Sí, **uno** debe decir**lo** así.

¿Se hace esto así? – ¿Se escribe así esta palabra? – ¿Se pide aquí algo de beber? – ¿Se arregla bien todo? – ¿Se tiene contacto con la gente? – ¿Se da las gracias siempre? – ¿Se hace vacaciones en verano? – ¿Se soluciona las dificultades? – ¿Se tiene interés? – ¿Se puede hacer algo?

5. Beantworten Sie die Fragen nach folgendem Muster:

Beispiel: – ¿Qué se hace en la playa? / bañarse
– En la playa **uno se** baña.

¿Qué se hace en la playa? / divertirse – ¿Qué se hace en la playa? / quitarse la ropa – ¿Qué se hace en el teatro? / reírse – ¿Qué se hace en la oficina de información? / informarse – ¿Qué se hace a veces por una tontería? / enfadarse – ¿Qué pasa si no se hace nada? / aburrirse – ¿Qué se hace si se juega al tenis? / moverse – ¿Qué se hace a veces por una palabra? / enfadarse – ¿Qué se hace en la playa cuando hace calor? / quedarse – ¿Qué se hace en la playa cuando hace frío? / irse

Vokabeln   11 D

se aburre	er langweilt sich
el tonto	Dummkopf
¡ay!	ach!
¡qué aburrido!	wie langweilig!
¿cómo se divierte esta gente?	wie amüsieren sich diese Leute?
la mayoría	die meisten
la hamaca	Liegestuhl
uno se echa	man legt sich hin
no se levanta	steht nicht auf
yo me aburro	ich langweile mich
¿te ríes?	lachst du?
¿que por qué me río?	warum ich lache?
si te aburres	wenn du dich langweilst
¿no te bañas?	badest du nicht?
te mueves	du bewegst dich
no te sientas	du setzt dich nicht hin
ni siquiera	nicht einmal
te quitas la ropa	du ziehst dich aus
¿no te pones el bañador?	ziehst du nicht die Badehose an?
no quiero bañarme	ich will nicht baden
me encuentro enfermo/-a	ich fühle mich krank
lo siento	ich bedaure es, es tut mir leid
no quería	ich wollte nicht
molestarte	dich ärgern
más bien	vielmehr
la culpa	Schuld
me enfado	ich ärgere mich
por una tontería	wegen einer Dummheit, Kleinigkeit
no tiene importancia	es ist unwichtig
¿qué se hace?	was macht man?
¿qué puede uno hacer?	was kann man machen?
unos se bañan	einige baden
otros pasean	andere gehen spazieren
la mayoría toma el sol y descansa	die meisten sonnen sich und ruhen sich aus
de todas formas	auf jeden Fall
yo no quiero quedarme	ich will nicht bleiben
mucho tiempo	lange Zeit
¿hasta qué hora?	bis wann?
¿te quieres quedar tú?	willst du bleiben?
alguna vez	irgendwann
nos tenemos que ir	wir müssen gehen
¿no te informas del programa?	informierst du dich nicht über das Programm?
la sala de fiestas	Festhalle
¿cómo se llama esa sala?	wie heißt diese Halle?
¿cuál?	welche/-r?
¿la de al lado del cine?	die neben dem Kino?
no me acuerdo	ich erinnere mich nicht
que significa	das, welches bedeutet
el pueblo	Dorf
se habla	man spricht
exclusivamente	ausschließlich
¿cómo se dice?	wie sagt man?
¿cómo dice uno?	wie sagt man?
bah	ach was
el bar	Bar
pedir algo de beber	etwas zu trinken bestellen
la sed	Durst
acaso	vielleicht
me entero del nombre	ich erfahre den Namen
¿pido?	bestelle ich?
para ti	für dich
contigo	mit dir

12. Stunde

En el cine 12 A

Un día un buen señor que vive en las montañas decide ir a la población cercana para visitar a unos conocidos suyos. Así que toma el autobús para la ciudad. Pero no encuentra a sus amigos en casa. Por este motivo decide ir a un bar para hacer tiempo.

Cuando va para el bar ve un cine a poca distancia y cambia de opinión. Llega a la ventanilla del cine y pide una entrada como es normal, pero no se entiende muy bien con la empleada:
– Señorita, quisiera una entrada, por favor.
– ¿Cómo la quiere Vd.?
– Señorita, quisiera un asiento a la derecha de la sala.
– ¿De qué precio, en qué fila prefiere sentarse?
– Señorita, quisiera ver esta película y basta.

Al decir esto señala el campesino a una de las entradas, pregunta cuánto vale, la paga, la toma y va a la puerta de la sala de cine.

Tras unos momentos vuelve a la ventanilla y dice:
– Señorita, quisiera otra entrada.

La empleada le mira un poco curiosa y le da otra entrada.

El buen señor regresa a la ventanilla a poco de esto y tiene el siguiente diálogo con la empleada:
– Señorita, otra entrada.
– Pero ¿por qué no compra Vd. todas las entradas juntas, para Vd. y para sus amigos?

El buen señor mete la mano en el bolsillo, saca tres entradas rotas y responde enfadado:
– En realidad quisiera sólo una entrada para mí, pero cada vez que quiero entrar en la sala de cine el tipo que está a la puerta me rompe el papelote que Vd. me da.

Erläuterungen **12 B**

Die Präpositionen *a – en, para – por* in ihren wichtigsten Anwendungen

1. Die Antwort auf die Frage *wohin?* = *¿adónde?* wird im Spanischen immer mit **a** gebildet. Deshalb können auch entrar und meter mit **a** gebildet werden. Beachten Sie **llegar a**.

Piensa ir **a** la población cercana.	*Er will in das nächste Dorf gehen.*
Va **a** la puerta de la sala de cine.	*Er geht zur Tür des Kinos.*
Tras unos momentos vuelve **a** la ventanilla.	*Nach einigen Augenblicken kommt er zum Schalter zurück.*
Quiere entrar **en/a** la sala de cine.	*Er will in das Kino eintreten.*
Mete la mano **en/a** el bolsillo.	*Er steckt die Hand in die Hosentasche.*
Llega **a** la ventanilla.	*Er kommt beim Schalter an.*

2. Wichtige Beispiele von **Ortsangaben**, die mit **a** gebildet werden.

Ve un cine **a** poca distancia.	*Er sieht ein Kino in geringer Entfernung.*
Dice que quiere un asiento **a** la derecha de la sala.	*Er sagt, er möchte einen Platz auf der rechten Seite des Saals.*
El tipo que está **a** la puerta le rompe el papelote.	*Der Typ, der an der Tür steht, zerreißt ihm den Wisch.*
a la sombra	*im Schatten*
al sol	*in der Sonne*
al otro lado de	*auf der anderen Seite von*

3. **a** wird auch bei einigen **Zeitangaben** verwendet.

La fiesta es **a** las nueve.	*Die Party ist um neun Uhr.*
El buen señor regresa **a** poco de esto.	*Der Herr kommt kurz darauf zurück.*
Estamos **a** 16 de mayo = hoy es el 16 de mayo.	*Heute ist der 16. Mai.*

4. Der **Dativ** wird mit **a** gebildet. Im **Akkusativ** wird vor die Namen von Lebewesen, sofern sie näher bestimmt sind, ebenfalls **a** gesetzt.

No encuentra **a** sus amigos.	*Er findet seine Freunde nicht.*
José escribe **a** Roberto.	*José schreibt an Roberto.*

5. **en** *in, an, auf* ist die wichtigste Präposition zur Angabe eines Ortes.

En el cine.	*Im Kino.*
Los amigos no están **en** casa.	*Die Freunde sind nicht zu Hause.*
¿Qué se hace **en** la playa?	*Was macht man am Strand?*

6. Wichtige **Zeitangaben**, die mit en gebildet werden.

En esta época no tengo tiempo para nada.	*In dieser Zeit habe ich für nichts Zeit.*
En quince días es mi cumpleaños.	*In 14 Tagen ist mein Geburtstag.*
Yo nací **en** mayo, **en** 1969.	*Ich bin im Mai geboren, im Jahr 1969.*

7. **para** dient in erster Linie zur Angabe der Bestimmung, des Zwecks und der Absicht.

¿Por qué no compra las entradas juntas, **para** Vd. y **para** sus amigos?	*Warum kaufen Sie die Karten nicht zusammen, für sich und für Ihre Freunde?*
Un nuevo coche **para** las vacaciones.	*Ein neuer Wagen für den Urlaub.*
Piensa ir a un bar **para** hacer tiempo.	*Er will in eine Bar gehen, um sich die Zeit zu vertreiben.*

8. **para** dient auch zur Angabe der **Richtung** oder eines **Ziels**.

Toma el autobús **para** la ciudad.	*Er nimmt den Bus in die Stadt.*
Cuando va **para** el bar ve un cine.	*Auf dem Weg zur Bar sieht er ein Kino.*

9. Am häufigsten wird **por** zur Angabe eines **Grundes** verwendet.

Por eso toma lecciones particulares.	*Deshalb nimmt er Privatstunden.*
Te doy las gracias **por** tu interés.	*Ich danke Dir für Dein Interesse.*
A veces me enfado **por** una tontería.	*Manchmal ärgere ich mich wegen einer Kleinigkeit.*

10. **por** wird auch zur Angabe des **Preises** verwendet.

Hacen vacaciones **por** poco dinero.	*Sie machen Urlaub für wenig Geld.*

| Vendo mi coche **por** pocos marcos. | *Ich verkaufe mein Auto für wenige Mark.* |

11. por wird auch für **Zeitangaben** verwendet, bei denen der genaue Zeitpunkt nicht bestimmt ist.

| **Por** la mañana tengo una entrevista. | *Am Vormittag habe ich eine Besprechung.* |
| ¿Qué hacen Vds. **por** la tarde? | *Was machen Sie am Nachmittag?* |

Übungen 12 C

1. Beantworten Sie die Fragen nach folgendem Muster:

Beispiel: – ¿**Adónde** piensa ir el señor? / la población cercana
– El señor piensa ir **a** la población cercana.

¿Adónde decide ir después? / un bar – ¿Adónde va cuando toma la entrada? / la puerta de la sala – ¿Adónde vuelve tras unos momentos? / la ventanilla – ¿Adónde llega? / la ventanilla – ¿Adónde mete la mano? / el bolsillo – ¿Adónde quiere entrar? / la sala de cine – ¿Adónde se tienen que ir ellos? / casa – ¿Adónde tienen que llegar a tiempo? / la fiesta – ¿Adónde vienen los amigos de Roberto? / aquí España – ¿Adónde envía Roberto el magnetofón? / Madrid

2. Beantworten Sie die Fragen nach folgendem Muster:

Beispiel: – **Dónde** vive el buen señor? / las montañas
– El buen señor vive en las montañas.

¿Dónde no encuentra a sus amigos? / casa – ¿Dónde ve un cine? / poca distancia – ¿Dónde quiere el asiento? / la derecha de la sala – ¿Dónde prefiere sentarse? / la fila quinta – ¿Dónde tiene las entradas rotas? / el bolsillo – ¿Dónde está el tipo que le rompe el papelote? / la puerta – ¿Dónde están los turistas? / el sol – ¿Dónde quieren pasar unas semanas los amigos? / España – ¿Dónde no quieren estar sin hacer nada? / la playa – ¿En qué reloj es la una y cuarto? / el tuyo

3. Achten Sie auf die verschiedenen Fragen und antworten Sie richtig:

Beispiel: – ¿A qué hora es la fiesta / las nueve
– La fiesta es a las nueve.

¿Cuándo regresa el señor a la ventanilla? / poco de esto – ¿A cuántos estamos? / 16 de mayo – ¿A quién no encuentra el campesino? / sus amigos – ¿A quién no escribe José? / Roberto – ¿Cuándo no tiene José tiempo para nada? / esta época – ¿Cuándo es el cumpleaños de Roberto? / quince días – ¿En qué número vive Roberto? / el 105 – ¿En qué mes es el cumpleaños de Roberto? / mayo – ¿En qué año estamos? / 1980 – ¿A quién no comprende el periodista? / el señor y la señora

4. Antworten Sie mit PARA *bzw.* POR:

Beispiel: – ¿Para quién son las entradas? / mí
– Las entradas son para mí.

¿Para qué es el nuevo coche? / las vacaciones – ¿Para dónde va el autobús? / Madrid – ¿Para qué va el buen señor al cine? / hacer tiempo – ¿Para qué quiere José el magnetofón? / oír música – ¿Para qué es el nuevo coche? / el trabajo – ¿Por qué le da gracias José a Roberto? / el interés – ¿Por qué se enfada uno a veces? / una tontería – ¿Por qué no tiene José tiempo para nada? / el mucho trabajo – ¿Por cuántos marcos vende él el coche? / pocos marcos – ¿Cuándo tiene el periodista la entrevista? / la mañana

5. Setzen Sie die richtige Präposition ein:

Un día ... la tarde un buen señor que vive ... poca distancia de las montañas va ... autobús ... la ciudad. Espera ver ... unos conocidos, pero ellos no están ... casa; ... el interés que tiene de conocer algo decide ir ... cine.
... la puerta del cine pregunta ... la empleada si hay programa ... la tarde; ... él es igual qué programa hay. Da gracias ... la información, compra una entrada y entra ... el cine ... pasar el tiempo.

Vokabeln 12 D

un día	eines Tages, einmal	a poca distancia	in kurzer Entfernung
un buen señor	ein guter Kerl		
la montaña	Berg, Gebirge	cambia de opinión	ändert seine Meinung
la población	Ortschaft		
cercano/-a	nahe	llega a la ventanilla	er kommt am Schalter an
visitar	besuchen		
el/la conocido/-a	Bekannte/-r	pide	verlangt
suyo/-a	sein/-e	la entrada	Eintrittskarte
así que	deshalb	como es normal	wie es üblich ist
el autobús para la ciudad	der Bus zur Stadt	no se entiende muy bien	kann sich nicht gut verständigen
por este motivo	aus diesem Grunde	el/la empleado/-a	Angestellte/-r
decide	entscheidet	quisiera	ich wollte, möchte
para hacer tiempo	um die Zeit zu vertreiben	a la derecha	rechts
		¿de qué precio?	zu welchem Preis?
cuando va para el bar	als er auf dem Weg zur Bar ist	la fila	Reihe
		al decir esto	dabei

señala a	deutet auf ... hin	mete la mano en el bolsillo	greift in die Hosentasche
el campesino	Landmann	saca tres entradas	nimmt drei Eintrittskarten heraus
pregunta cuánto vale	fragt, wieviel kostet	roto/-a	zerrissen
la paga	bezahlt sie	responde	er antwortet
la sala de cine	Kinosaal	enfadado/-a	verärgert
tras unos momentos	kurz darauf	cada vez que	jedesmal wenn
curioso/-a	neugierig, erstaunt	entrar	hineingehen
regresa	kehrt zurück	el tipo	Kerl, Individuum
a poco de esto	kurz darauf	que está a la puerta	der an der Tür ist
el diálogo	Dialog	rompe	zerreißt
		el papelote	Wisch

13. Stunde

¿Pasaporte, por favor? 13 A

– ¿Su pasaporte, por favor?

– Aquí tiene el mío y el de mi señora. Este es el mío y el otro es el suyo, el de ella.

– Está bien. ¿Tienen equipaje?

– Sí, la maleta y la bolsa, las dos son nuestras.

– ¿No tienen nada más? ¿De quién es ese maletín, es suyo, de Vds.?

– Ah, claro, el maletín también es nuestro, así como el bolso de mano de mi señora.

– ¿Tienen algo que declarar, alcohol, tabaco, algún aparato?

– No, nada de eso. No nos gusta llevar mucho peso.

– ¿Abra Vd. la maleta, por favor?

– ... Ya está. ¿Algo más?

– A ver ... ¿Cómo es que llevan tanto perfume? No se permite.

– Mire Vd., es una marca que le gusta mucho a mi mujer.
– ¡A ella le gusta mucho! Bien, lo comprendo. Pero en tanta cantidad es necesario declararlo.
– ¿Oyes lo que dice? Nos hace falta declararlo.

La señora no muestra mucho entusiasmo por la noticia; todo lo contrario.

– A mí me parece que todavía perdemos nuestro avión para Madrid.
– Bueno, después de todo, nos es igual llegar hoy o mañana.
– A ti te es igual, a ti no te importa. Pero a mí no me es igual, a mí me interesa mucho llegar cuanto antes; primero, porque me molesta esperar; segundo, porque quiero hablar mañana con mi amiga Carmen.
– ¿Cómo le va a Carmen con su negocio?
– A Carmen le va bien, a la otra amiga no le va ...
– Señores, ésta es la multa, son mil pesetas.

Erläuterungen **13 B**

I. Die Possessivpronomen (besitzanzeigende Fürwörter)

1.	Persönliche Fürwörter im Nominativ		Unbetonte Possessiv-Pronomen (adjektivisch, immer vor Substantiv)			Betonte Possessiv-Pronomen (substantivisch, nie vor dem Substantiv)		
	yo	*ich*	**mi/s**	*mein/e*	**mi/s**	**mío/s**	*mein/e*	**mía/s**
	tú	*du*	**tu/s**	*dein/e*	**tu/s**	**tuyo/s**	*dein/e*	**tuya/s**
	él	*er*	**su/s**	*sein/e*	**su/s**	**suyo/s**	*sein/e*	**suya/s**
	ella	*sie*	**su/s**	*ihr/e*	**su/s**	**suyo/s**	*ihr/e*	**suya/s**
	usted	*Sie*	**su/s**	*Ihr/e*	**su/s**	**suyo/s**	*Ihr/e*	**suya/s**
	nosotros/as	*wir*	**nuestro/s**	*unser/e*	**nuestra/s**	**nuestro/s**	*unser/e*	**nuestra/s**
	vosotros/as	*ihr*	**vuestro/s**	*euer/e*	**vuestra/s**	**vuestro/s**	*euer/e*	**vuestra/s**
	ellos	*sie*	**su/s**	*ihr/e*	**su/s**	**suyo/s**	*ihr/e*	**suya/s**
	ellas	*sie*	**su/s**	*ihr/e*	**su/s**	**suyo/s**	*ihr/e*	**suya/s**
	ustedes	*Sie*	**su/s**	*Ihr/e*	**su/s**	**suyo/s**	*Ihr/e*	**suya/s**

Wenn aus dem Zusammenhang nicht hervorgeht, auf welchen Besitzer sich **su, suyo** ... beziehen, so kann man das mit dem Genitiv des persönlichen Fürwortes zum Ausdruck bringen.

Este pasaporte es el mío y el otro es el suyo, el **de mi** señora.	*Dieser Paß ist meiner und der andere ist ihrer, der von meiner Frau.*
¿De quién es ese maletín, es suyo, **de Vds.**?	*Von wem ist dieser Handkoffer, ist das Ihrer?*

2. Die hinter dem Verb ser bzw. hinter einem **Substantiv** stehenden betonten Formen zeigen besonders den Besitzstand an.

Sí, la maleta y la bolsa son **nuestras**.	*Ja, der Koffer und die Tasche gehören uns.*
¿De quién es ese maletín, es **suyo**?	*Wem gehört dieser Handkoffer, Ihnen?*
Ah, claro, el maletín también es **nuestro**.	*Ja, natürlich, der Handkoffer gehört auch uns.*

3. Die besitzanzeigenden Formen nach dem bestimmten Artikel bringen zum Ausdruck, daß es sich um eine ganz bestimmte Sache im Singular handelt.

Los pasaportes. Este es **el mío** y el otro es **el suyo**, de ella.	*Die Pässe. Dieser ist meiner und der ist ihrer.*
Esto es **lo mío**.	*Das hier gehört mir.*

II. Das Personalpronomen nach Präpositionen

1.

Persönliche Fürwörter **nach Präpositionen**	Persönliche Fürwörter **nach con** *mit*	
… mí	conmigo	*mit mir*
… ti	contigo	*mit dir*
… él	con él	*mit ihm*
… ella	con ella	*mit ihr*
… usted	con usted	*mit Ihnen*
… nosotros/as	con nosotros/as	*mit uns*
… vosotros/as	con vosotros/as	*mit euch*
… ellos	con ellos	*mit ihnen*
… ellas	con ellas	*mit ihnen*
… ustedes	con ustedes	*mit Ihnen*

Persönliche Fürwörter nach Präpositionen verändern sich in der **1.** und **2. Person Singular**.

2.	Reflexivpronomen nach Präpositionen	Reflexivpronomen nach con *mit*
	... mí	conmigo
	... ti	contigo
	... sí (él)	consigo (él)
	... sí (ella)	consigo (ella)
	... sí (usted)	consigo (usted)
	... **nosotros/as**	**con nosotros/as**
	... **vosotros/as**	**con vosotros/as**
	... sí (ellos)	consigo (ellos)
	... sí (ellas)	consigo (ellas)
	... sí (ustedes)	consigo (ustedes)

Reflexivpronomen nach Präpositionen verändern sich in der **1., 2.** und **3. Person Singular** sowie in der **3. Person Plural**.

3. Man kann die Formen **me, te ... alleine** vor einem Verb stehend verwenden.

   Die Formen **a mí, a ti ...** können **vor me, te ...** oder nach dem Verb stehen.

   Stehen die betonten Formen **a mí, a ti ...** am Satzanfang, so müssen die entsprechenden unbetonten Formen **me, te ...** vor dem Verb **wiederholt** werden.

No **nos** gusta llevar mucho peso.	*Wir bringen nicht gerne viel Gewicht mit.*
Nos hace falta declararlo.	*Wir müssen es verzollen.*
Es una marca que **le** gusta mucho **a mi** mujer.	*Das ist eine Marke, die meiner Frau sehr gut gefällt.*
A ella le gusta mucho.	*Ihr gefällt sie gut.*
A ti te es igual, **a ti** no **te** importa.	*Dir ist das egal, Dir macht das nichts aus.*

III. Verben mit Unregelmäßigkeiten im Präsens

mostrar *zeigen* ist eines der Verben, bei denen der Stammvokal **-o-** sich in der 1., 2. und 3. Person Singular sowie in der 3. Person Plural in **-ue-** verändert (siehe 7. Stunde).

mostrar *zeigen*
m**ue**stro, m**ue**stras, m**ue**stra, mostramos, mostráis, m**ue**stran

Übungen **13 C**

1. Antworten Sie mit mi, tu, su ... nach folgendem Muster:

Beispiel: – ¿Cuál es **su** pasaporte, señor? / éste
– Este es **mi** pasaporte.

¿Cuál es el pasaporte de su señora? / éste – ¿Quién es su señora? / ésta – ¿Dónde está su equipaje, señores? / aquí – ¿Cuáles son sus maletas, señores? / éstas – ¿Dónde está tu amiga Carmen? / en casa – ¿Cómo le va a Carmen con su negocio? / bien – ¿Es ése nuestro avión? / sí – ¿Cuáles son sus dificultades, señores? / éstas – ¿Dónde están los conocidos del señor? / en el cine – ¿Dónde están las amigas de la señora? / en la ciudad

2. Antworten Sie mit sí oder no nach folgendem Muster:

Beispiel: – ¿De quién es ese maletín, es de Vds.?
– Sí, es **nuestro**, es **el nuestro**. (No, no es **nuestro**, no es **el nuestro**)

¿De quién es ese pasaporte, es de su señora? – ¿De quién son la maleta y la bolsa, son de Vds.? – ¿De quién es ese bolso de mano, es de su señora? – ¿De quién es este dinero, es mío? – ¿De quién es esa carta, es mía? – ¿De quién es aquel coche, es de tu amigo? – ¿De quién es este reloj, es nuestro? – ¿De quién es esa casa, es vuestra? – ¿De quién son esas cosas, son de esos señores? – ¿De quién son esos regalos, son de Carmen?

3. Beantworten Sie die Fragen nach folgendem Muster:

Beispiel: – ¿Qué no les gusta a Vds.? / llevar mucho peso
– No **nos** gusta llevar mucho peso.

¿Qué le gusta mucho a su señora? / este perfume – ¿Qué no le gusta a su señora? / esperar – ¿Qué le es igual a ella? / la multa – ¿Qué no le es igual a ella? / llegar mañana – ¿Qué no le importa a Vd.? / llegar más tarde – ¿Qué les importa a ellas? / el negocio – ¿Qué te interesa mucho a ti? / el trabajo – ¿Qué les molesta a los dos? / esperar – ¿Qué le va bien a Carmen? / el negocio – ¿Qué le va bien a. Vd.? / todo

4. Beantworten Sie die Fragen nach folgendem Muster:

Beispiel: – ¿A quién le gusta mucho el perfume? / a ella
– **A ella le** gusta mucho el perfume.

¿A quién no le gusta esperar? / a la señora – ¿A quién no le gusta llevar mucho peso? / a nosotros – ¿A quién le es igual la multa? / a ella – ¿A quién le es igual llegar mañana? / a su marido – ¿A quién no le importa llegar más tarde? / a ellos – ¿A quién no le interesa la película? / al campesino – ¿A quiénes no les interesa el programa? / a mis amigos – ¿A quién le interesa mucho llegar hoy? / a mí – ¿A quiénes les molesta esperar? / a los dos – ¿A quién no le va bien con sus negocios? / a mis amigas

5. Setzen Sie die richtige Form des Pronomens ein:

– A mi amigo *le* parece que todavía pierde su avión.
– Bueno, después de todo, a él *le* es igual llegar hoy o mañana.
– A nosotros *nos* es igual, a ... no ... importa. Pero a *él* no le es igual, a *él* le interesa mucho llegar cuanto antes; primero porque *le* molesta esperar; segundo, porque aquí no *le* va bien.
– ¿Cómo *les* va a tus amigas con su negocio?
– *Les* va bien.

Vokabeln

13 D

el pasaporte	Reisepaß
el mío y el de mi señora	meiner und der meiner Frau
el de ella	der von ihr
está bien	das ist in Ordnung
el equipaje	(Reise)Gepäck
la maleta	Koffer
la bolsa	Tasche
¿de quién es?	wem gehört?
el maletín	Köfferchen, Handkoffer
¿es suyo, de Vds.?	ist es Ihres?
el bolso de mano	Handtasche
¿tienen algo que declarar?	haben Sie etwas zu verzollen?
el alcohol	Alkohol
el tabaco	Tabak
algún aparato	irgendein Gerät
nada de eso	nichts davon
no nos gusta llevar	wir mögen nicht tragen, mitbringen
el peso	Gewicht
abra Vd.	öffnen Sie
ya está	schon gemacht, schon soweit
¿algo más?	sonst noch etwas?
¿cómo es que llevan?	wieso bringen Sie mit?, ... haben Sie
tanto/-a	soviel
el perfume	Parfüm
no se permite	es ist nicht erlaubt
la marca	Marke
le gusta mucho a mi mujer	meiner Frau gefällt sehr gut
¡a ella le gusta mucho!	ihr gefällt es sehr gut!
en tanta cantidad	in solcher Menge
¿oyes lo que dice?	hörst Du, was er sagt?
nos hace falta	wir müssen / brauchen
no muestra	zeigt nicht
el entusiasmo	Begeisterung
todo lo contrario	ganz im Gegenteil
a mí me parece	ich meine, mir scheint es
todavía	noch
perdemos	wir verpassen
el avión para Madrid	Flugzeug nach Madrid
después de todo	schließlich, nach alledem
nos es igual	uns macht es nichts aus
a ti te es igual	dir ist es egal
a ti no te importa	dir macht es nichts aus
a mí me interesa mucho	es ist für mich sehr wichtig
cuanto antes	möglichst bald
primero	erstens
segundo	zweitens
¿cómo le va a Carmen con su negocio?	wie geht es Carmen mit ihrem Geschäft
a la otra amiga no le va ...	der anderen Freundin geht es nicht ...
señores	meine Herrschaften
la multa	Geldstrafe

14. Stunde

El sentido práctico 14 A

– Oiga, ¿me permite una pregunta? Aunque no sé si no es un poco indiscreta.
– ¿De qué se trata, qué pregunta es?
– Es relativa a su nuevo coche.
– ¿Qué pasa con mi nuevo coche? Seguro que quiere saber cuánto cuesta, ¿no es verdad? ¿Quiere comprar uno igual que el mío?
– Sí, eso es.
– Bueno, es un coche muy caro. En Alemania cuesta 55.000 marcos. En España es naturalmente más caro todavía.
– ¿Cómo, es tan caro como el último modelo de la Casa Mercedes? Entonces es carísimo.
– Sí, señor. Claro que lo es. Además piense Vd. en el consumo. Es un buen coche, pero yo no estoy contento con él. Un coche así gasta muchísima gasolina, gasta tanto como un deportivo, gasta más de 15 litros cada 100 kilómetros.
– Entonces gasta más que un Tiburón. Es uno de los coches que más gastan, si no el que más.
– Si quiere Vd. convencerse no necesita más que fijarse en el mercado del automóvil. Hay relativamente mucha gente que lo compra y se cansa pronto de él. Pasa lo mismo que con algunos modelos americanos. Y es que la gente toma poco a poco conciencia del problema de energía. Si no, ¿por qué se producen ahora tantos coches más pequeños?
– Sí, indudablemente el problema general de energía es una preocupación para el bolsillo individual.
– La tendencia actual se debe acentuar cada vez más.
– Sí, señor, aunque a mí no me gustan esos coches tan pequeños.
– A mí tampoco. Yo los prefiero un poco mayores. Pero debe imponerse el sentido práctico.
– Estoy completamente de acuerdo con Vd. El sentido práctico debe imponerse finalmente.

Erläuterungen **14 B**

I. Vergleichs- und Steigerungsformen des Adjektivs

1. **Regelmäßige** Vergleichs- und Steigerungsformen eines Adjektivs:
caro *teuer*

tan caro **(como)** *so teuer (wie)*	**más** caro **(que)** *teurer (als)*	**el más** caro *der teuerste*	**muy** caro = **carísimo** *sehr teuer*

Es un coche **caro**.	*Es ist ein teures Auto.*
Es **tan** caro **como** el otro.	*Es ist so teuer wie das andere.*
Es **más** caro **que** el otro.	*Es ist teurer als das andere.*
Es **carísimo** pero no es **el más caro**.	*Es ist sehr teuer, aber es ist nicht das teuerste.*

2. **Unregelmäßige** Vergleichs- und Steigerungsformen von Adjektiven:
bueno *gut*

tan bueno **(como)** *so gut (wie)*	**mejor** (que) *besser (als)*	**el mejor** *der beste*	**muy** bueno = **buenísimo** *sehr gut*

malo *schlecht*

tan malo **(como)** *so schlecht (wie)*	**peor** (que) *schlechter (als)*	**el peor** *der schlechteste*	**muy** malo = **malísimo** *sehr schlecht*

grande *groß*

tan grande **(como)** *so groß (wie)*	**mayor** (que) **más** grande (que) *größer (als)*	**el mayor** **el más** grande *der größte*	**muy** grande = **grandísimo** *sehr groß*

pequeño *klein*

tan pequeño **(como)** *so klein (wie)*	**menor** (que) más pequeño (que) *kleiner (als)*	**el menor** el más pequeño *der kleinste*	**muy** pequeño = **pequeñísimo** *sehr klein*

3. Vergleichs- und Steigerungsformen von **mucho** *viel* und **poco** *wenig*.
mucho *viel*

tanto (como) *soviel (wie)*	**más** (que) *mehr (als)*	**el que más** *der am meisten*	**muchísimo** *sehr viel*

poco *wenig*

tan poco (como)	menos (que)	el que menos	poquísimo
so wenig (wie)	*weniger (als)*	*der am wenigsten*	*sehr wenig*

Un coche así gasta **tanta** gasolina **como** un deportivo.	*So ein Auto verbraucht ebensoviel Benzin wie ein Sportwagen.*
Entonces gasta **más** gasolina **que** un Tiburón.	*Also braucht er mehr Benzin als ein Tiburón.*
Es uno de los coches **que más** gastan, si no **el que más**.	*Es ist eines der Autos, die am meisten verbrauchen, wenn es nicht das ist, das von allen am meisten verbraucht.*
Un coche así gasta **muchísima** gasolina.	*So ein Auto verbraucht sehr viel Benzin.*

4. Nach igual *gleich* und mismo *gleich* steht **que** statt **como**.

¿Quiere comprar uno igual **que** el mío?	*Wollen Sie den gleichen wie meinen kaufen?*
Pasa lo mismo **que** con algunos modelos americanos.	*Es geschieht dasselbe wie bei einigen amerikanischen Modellen.*

5. Vor Zahlen steht **más de** *mehr als* und **menos de** *weniger als* statt más/menos que.

Un coche así gasta **mas de** 15 litros cada 100 kilómetros.	*So ein Auto verbraucht mehr als 15 Liter pro 100 Kilometer.*

6. **No más que** oder **nada más que** bedeutet so viel wie sólo *nur*.

Vd. **no** necesita **más que** fijarse en el mercado del automóvil.	*Sie brauchen nur auf den Fahrzeugmarkt zu achten.*
El señor de las montañas **no** quiere comprar **más que** una entrada.	*Der Mann aus dem Gebirge möchte nur eine Eintrittskarte kaufen.*

7. **Cada vez más** und **cada vez menos** bedeutet immer mehr bzw. immer weniger.

La tendencia actual se debe acentuar **cada vez más**.	*Der jetzige Trend muß immer mehr betont werden.*
Este tipo de coches es **cada vez menos** actual.	*Dieser Autotyp ist immer weniger aktuell.*

II. Verben mit Unregelmäßigkeiten im Präsens

producir *produzieren* ist eines der Verben auf **-ucir**, die in der 1. Person Singular das **-c-** durch **-zc-** ersetzen.

> produ**c**ir *produzieren*
>
> produ**zc**o, produces, produce, producimos, producís, producen

Übungen **14 C**

1. Beantworten Sie die Fragen nach folgendem Muster:

Beispiel: – ¿Es caro su coche?
– Sí, es muy caro, es carísimo, es el más caro que hay.

¿Es bueno su coche? – ¿Es mala esta gasolina? – ¿Es grande el problema de la energía? – ¿Es actual esta tendencia? – ¿Son buenos estos aparatos? – ¿Son malas sus noticias? – ¿Son iguales nuestros coches? – ¿Tiene Vd. un negocio pequeño? – ¿Tiene Carmen un negocio interesante? – ¿Es el magnetofón de José moderno?

2. Beantworten Sie die Fragen nach folgendem Muster:

Beispiel: – ¿Es este coche tan caro como el otro?
– No, no, éste es mucho más caro que el otro.

¿Le hago una pregunta tan indiscreta como la otra? – ¿Está Vd. tan contento como antes? – ¿Muestra la señora tanto entusiasmo como su marido? – ¿Gasta su coche tanta gasolina como un Mercedes? – ¿Se encuentra Vd. tan enfermo como la otra semana? – ¿Llevan Vds. tanto perfume como sus amigos? – ¿Es esta multa tan grande como la otra? – ¿Está el señor de las montañas tan enfadado como la empleada? – ¿Tiene José tan poco dinero como Roberto? – ¿Tiene la chica tan loco a José como a Roberto?

3. Beantworten Sie die Fragen nach folgendem Muster:

Beispiel: – ¿Quién es el que más trabajo tiene? / Roberto
– Roberto es el que más trabajo tiene.

¿Quién es el que menos tiempo libre tiene? / Roberto – ¿Cuál es el coche que más gasolina gasta? / el Tiburón – ¿Cuál es el coche que más kilómetros hace? / el Tiburón – ¿Cuáles son los coches que menos gasolina gastan? / los pequeños. – ¿Cuáles son los coches que más problemas producen? / los grandes. – ¿Quién es la que lleva más maletas? / mi mujer – ¿Quién es la que muestra menos entusiasmo? / mi mujer – ¿Quién es la que tiene más interés en llegar cuanto antes? / ella – ¿Qué es lo que produce más problemas en un viaje? / el equipaje – ¿Cuál es la cosa que más le molesta a ella? / esperar

4. *Beantworten Sie die Fragen nach folgendem Muster:*

Beispiel: – ¿Cuánto cuesta su coche? el suyo / 50.000 marcos
– Cuesta **más que** el suyo, cuesta **más de** 50.000 marcos.

¿Cuánta gasolina gasta el Tiburón? un deportivo / 15 litros – ¿Cuánto perfume lleva la señora? su marido / 1 litro – ¿Cuántas maletas lleva el señor? su mujer / 3 maletas – ¿Qué multa recibe el señor? la señora / 500 pesetas de multa – ¿Cuántas entradas compra él? su amigo / 3 entradas – ¿Cuántos días libres tiene José? Roberto / 15 días – ¿Cuánto dinero envía José? Carmen / 10.000 pesetas – ¿Cuántos amigos tiene Roberto? José / 20 – ¿Cuántas referencias da José? Carmen / 5 – ¿Cuánto cuesta una botella de este vino? del otro vino / 200 pesetas

5. *Antworten Sie mit* igual que *bzw.* lo mismo que *nach folgendem Muster:*

Beispiel: – ¿Qué coche quiere comprar Vd.? / el suyo
– Quiero comprar uno **igual que** el suyo.

¿Cuánta gasolina gasta su coche? / uno deportivo – ¿Qué pasa con este coche? / muchos americanos – ¿Cómo son los coches ahora? / antes – ¿Le gustan los coches pequeños? / los grandes – ¿Qué le parece el nuevo modelo? / el otro – ¿Qué lleva su señora? / yo – ¿Cómo le va a Carmen con el negocio? / la otra amiga – ¿Qué muestra la señora por la noticia? / la multa – ¿Cómo vuelve el señor a la ventanilla? / la primera vez – ¿Qué entrada pide él? / los otros señores

Vokabeln 14 D

el sentido	Sinn	**eso es**	so ist es
práctico/-a	praktisch	**el marco**	Mark
oiga	hören Sie	**más caro todavía**	noch teurer
la pregunta	Frage	**tan caro como**	so teuer wie
no sé si	ich weiß nicht, ob	**último/-a**	letzte/-r
indiscreto/-a	indiskret	**Casa Mercedes**	Firma Mercedes
¿de qué se trata?	worum handelt es sich?	**carísimo = muy caro**	sehr teuer
es relativo a	es bezieht sich auf	**sí, señor**	jawohl
seguro que quiere	sicher möchten Sie	**claro que lo es**	natürlich ist er es
¿no es verdad?	nicht wahr?	**además**	außerdem
igual que	gleich wie	**piense Vd. en**	denken Sie an

un coche así	so ein Wagen
gasta muchísima gasolina	verbraucht sehr viel Benzin
tanto como	soviel wie
el (coche) deportivo	Sportwagen
gasta más de	verbraucht mehr als
el litro	Liter
cada 100 kilómetros	alle 100 Kilometer
que más gastan	die am meisten verbrauchen
si no	wenn nicht
convencerse	sich überzeugen
no necesita más que	Sie brauchen nicht mehr als
fijarse en	achten auf
el mercado	Markt
el automóvil	Auto
relativamente	verhältnismäßig
se cansa pronto de él	werden seiner bald müde
lo mismo que	dasselbe wie
y es que	und es ist weil
poco a poco	allmählich
toma conciencia del	werden sich bewußt des
el problema de energía	Energieproblem
producir	herstellen
tantos coches más pequeños	so viele kleinere Wagen
indudablemente	zweifellos
general	allgemein
la preocupación	Sorge
el bolsillo individual	der Geldbeutel eines jeden Einzelnen
la tendencia actual se debe acentuar	der jetzige Trend muß betont werden
cada vez más	immer mehr
un poco mayores	ein wenig größer
imponerse	sich aufzwingen, sich durchsetzen
estoy de acuerdo	ich bin einverstanden
completamente	völlig
finalmente	endlich, schließlich

15. Stunde

El progreso llama al progreso 15 A

– No hay duda, hoy se vive mucho mejor que antes.

– ¿Cree Vd.? Más de prisa, más activa y locamente, sí, pero mejor o simplemente tan bien como antes, no lo sé.

– La gente gana más, mucho más que hace años.

– ¿No es el coste de la vida mucho más alto también? ¿Y qué decir del aspecto puramente material, vive el hombre por eso más intensamente su vida, se compra la felicidad con dinero?

– Por una parte, cada vez hace falta trabajar menos...

– ¿Qué hace falta, trabajar menos intensamente o trabajar menos tiempo?

– En todo caso, el ambiente de trabajo es más agradable y el tiempo más corto. En segundo lugar y como consecuencia, el hombre tiene más tiempo libre y puede disponer mejor de él, porque hay más posibilidades.

– En mi opinión vamos muy lejos, demasiado lejos, con el progreso.

– Vd. misma expresa muy bien lo que yo también pienso. Somos nosotros quienes vamos tan lejos, vamos más lejos que el progreso mismo. El progreso sigue su marcha normal, pero el hombre lo usa mal muchas veces.

– ¿Y es necesario tanto progreso, vivir tan lujosamente?

– No es solamente una cuestión de necesidad. Desde mucho, muchísimo antes de nosotros pasa constantemente lo mismo y más tarde en el futuro, igual. El progreso llama al progreso. Y entre los hombres el que tiene poco quiere tener tanto como el que tiene mucho, el que tiene mucho quiere tener más, y el que más tiene quiere todavía más, quiere ser el que más tiene con distancia.

– ¿Es esto psicológicamente sano?

– Sano o no, esto es lo que está constatado.

Erläuterungen 15 B

I Das Adverb (Umstandswort)

1. Das Adverb dient zur näheren Bestimmung eines **Verbs,** eines **Adjektivs** oder eines anderen **Adverbs**.

La gente **gana más**.	*Die Leute verdienen mehr.*
¿No es el coste de la vida **mucho más alto** también?	*Sind nicht auch die Lebenshaltungskosten viel höher?*
¿Vive hoy el hombre **más intensamente** su vida?	*Lebt der Mensch sein Leben heute intensiver?*

2. Im Gegensatz zum Adjektiv ist das Adverb **unveränderlich**.

Adverb	Adjektiv
Bebe mucho. *Er trinkt viel.*	Bebe mucho vino. *Er trinkt viel Wein.*
Gasta mucho. *Er verbraucht viel.*	Gasta mucha gasolina. *Er verbraucht viel Benzin.*
Cuesta mucho. *Er kostet viel.*	Cuesta muchos marcos. *Er kostet viele DM.*
Vale mucho. *Er ist viel wert.*	Vale muchas pesetas. *Er ist viele Peseten wert.*

3. **Mucho** steht als Adverb beim Verb. Vor einem anderen Verb oder vor einem Adjektiv wird mucho durch **muy** ersetzt.

Estos señores trabajan **mucho**.	*Diese Männer arbeiten viel.*
Trabajan **muy** rápidamente.	*Sie arbeiten sehr schnell.*
Son **muy** rápidos.	*Sie sind sehr schnell.*

4. **Demasiado** *zuviel, zu* ... steht als Adverb **nach** dem Verb, dagegen **vor** einem Adjektiv oder einem weiteren Adverb.

Trabaja **demasiado**.	*Er arbeitet zu viel.*
Vamos **demasiado** lejos.	*Wir gehen zu weit.*
Los coches **demasiado** pequeños no me gustan.	*Zu kleine Autos gefallen mir nicht.*

5. Viele Adverbien werden aus Adjektiven gebildet, indem an die **weibliche Form** des Adjektivs die Endung **-mente** angehängt wird. Folgen mehrere mit der Endung -mente gebildete Adverbien aufeinander, so erhält nur das letzte diese Endung.

puro/**a**:	¿Y qué decir del aspecto **puramente** material?	*Und was soll man zum rein materiellen Aspekt sagen?*
solo/**a**:	No es **solamente** una cuestión de necesidad.	*Es ist nicht nur eine Frage der Notwendigkeit.*
constante:	Pasa **constantemente** lo mismo.	*Es passiert ständig das Gleiche.*
activo/**a** loco/**a**:	El hombre moderno vive más **activa** y más **locamente**.	*Der moderne Mensch lebt aktiver und verrückter.*

II. Vergleichs- und Steigerungsformen des Adverbs

1. Für die **regelmäßigen** Vergleichs- und Steigerungsformen gelten die gleichen Regeln wie für die Adjektive.

lejos *weit*

tan lejos (como)	más lejos (que)	el que más lejos	muy lejos
so weit (wie)	*weiter (als)*	*der am weitesten*	*sehr weit*

No vamos **tan lejos como** el progreso.	*Wir gehen nicht so weit wie der Fortschritt.*
Vamos **más lejos que** el progreso mismo.	*Wir gehen weiter als der Fortschritt selbst.*
El que más lejos va no es el progreso mismo sino el hombre.	*Wer am weitesten geht ist nicht der Fortschritt selbst, sondern der Mensch.*

En mi opinión vamos **muy lejos**. *Nach meiner Meinung gehen wir sehr weit.*

2. **Unregelmäßige** Vergleichs- und Steigerungsformen des Adverbs.

bien *gut*

tan bien (como)	mejor (que)	el que mejor	muy bien
so gut (wie)	*besser (als)*	*der am besten*	*sehr gut*

mal *schlecht*

tan mal (como)	peor (que)	el que peor	muy mal
so schlecht (wie)	*schlechter (als)*	*der am schlechtesten*	*sehr schlecht*

mucho *viel, sehr*

tanto (como)	más (que)	el que más	muchísimo
so viel (wie)	*mehr (als)*	*der am meisten*	*sehr viel*

poco *wenig*

tan poco (como)	menos (que)	el que menos	muy poco = poquísimo
so wenig (wie)	*weniger (als)*	*der am wenigsten*	*sehr wenig*

El que tiene poco quiere tener **tanto como** el que tiene **mucho**. El que **más** tiene quiere ser **el que más** tiene con distancia.

Wer wenig hat, möchte so viel haben wie der, der viel besitzt. Wer am meisten hat, möchte der sein, der mit Abstand am meisten hat.

3. **Tanto** steht wie mucho beim Verb. Vor einem anderen Adverb oder vor einem Adjektiv wird tanto durch **tan** ersetzt.

José trabaja **tanto** como Roberto. *José arbeitet so viel wie Roberto.*

José trabaja **tan** bien como Roberto. *José arbeitet so gut wie Roberto.*

III. Verben mit Unregelmäßigkeiten im Präsens

seguir *folgen* ist eines der Verben auf -ir, die in der 1., 2. und 3. Person Singular und in der 3. Person Plural den Stammvokal **-e-** in **-i-** verändern (siehe 11. Stunde).

seguir *folgen*
sigo, sigues, sigue, seguimos, seguís, siguen

Übungen 15 C

1. Beantworten Sie die Fragen nach folgendem Muster: bilden Sie das Adverb mit -mente:

Beispiel: – ¿Cómo **trabajan** estos señores, son **rápidos**?
– Sí, **trabajan rápidamente**.

¿Cómo vive el hombre moderno, es activo? *activamente* – ¿Cómo vive el hombre de hoy, vive una vida intensa? – ¿Cómo vive el hombre moderno, vive una vida lujosa? – ¿Cómo vive el hombre de hoy, es simple su vida? – ¿Cómo pregunta la empleada, está curiosa? – ¿Cómo pide el señor la entrada, es normal? – ¿Cómo responde la empleada, es clara? – ¿Cómo pasea la gente, es natural? – ¿Cómo saluda José, es cordial? – ¿Cómo escribe Roberto, es concreto?

2. Geben Sie die richtige Antwort:

Beispiel: – ¿Trabaja **mucho** José? / Roberto
– Trabaja **tanto como** Roberto.

– ¿Trabaja **bien** José? / Roberto
– Trabaja **tan bien como** Roberto.

¿Se vive bien hoy? / antes – ¿Se vive de prisa hoy? / antes – ¿Gana la gente mucho hoy? / hace años – ¿Se trabaja poco ahora? / hace años – ¿Expresa él bien lo que piensa? / Vd. – ¿Va el hombre lejos? / el progreso – ¿Se vive lujosamente ahora? / en el futuro – ¿Quiere tener mucho el que tiene poco? / el que más tiene – ¿Cuesta mucho un coche así / un Mercedes – ¿Le va bien a Carmen con el negocio? / a su amiga

3. Beantworten Sie die Fragen nach folgendem Muster:

Beispiel: – ¿Quién trabaja **más**, Roberto o José? / Roberto
– Roberto trabaja **más que** José.

¿Cómo se vive mejor, como antes o como ahora? / como ahora – ¿Cuándo se gana más, ahora o hace años? / ahora – ¿Quién o qué va más lejos, el hombre o el progreso? / el hombre – ¿Quién tiene menos, el que tiene poco o el que desea mucho? / el que desea mucho – ¿Qué es peor, tener poco o querer mucho? / querer mucho – ¿Qué coche gasta más, un

Mercedes o uno como éste? / uno como éste – ¿En qué idioma habla Vd. menos, en español o en alemán? / en alemán – ¿Qué gente vive más locamente, la de ahora o la de antes? / la de ahora – ¿Quién mira más curiosamente, el señor o la empleada? / la empleada – ¿Quién o qué va más de prisa, el hombre o el progreso? / el hombre

4. Geben Sie die richtige Antwort:

Beispiel: – ¿Trabaja **mucho** la gente?
– No, no **mucho** sino **muchísimo**, trabaja **demasiado**.
– ¿Trabaja **intensamente** la gente?
– No, no **intensamente** sino **muy intensamente**, trabaja **demasiado intensamente**.

¿Se vive hoy de prisa? – ¿Gana mucho la gente? – ¿Hace falta trabajar poco? – ¿Vamos lejos con el progreso? – ¿Usa el hombre mal el progreso? – ¿Vive el hombre lujosamente? – ¿Gasta mucho un coche deportivo? – ¿Se cansa pronto la gente de este coche? – ¿Le gusta mucho el perfume a su señora? – ¿Se entiende mal con la empleada el señor de las montañas?

5. Beantworten Sie die Fragen nach folgendem Muster:

Beispiel: – ¿Quién es **el que más** quiere? / el que más tiene
– El que más tiene es **el que más** quiere.

¿Cuál es el coche que más gasta? / este tipo de coches – ¿Cuáles son los coches que más se venden? / los pequeños – ¿Cuáles son las cosas que más se compran? / las prácticas – ¿Qué es lo que más debe imponerse? / el sentido práctico – ¿Qué es lo que menos interesa al bolsillo? / el consumo – ¿Cuáles son los coches que más gastan? / los deportivos – ¿Cuál es el perfume que más le gusta a su señora? / el de esta marca – ¿Quién es el que más trabaja? / Roberto – ¿Qué es lo que más quiere el hombre? / su felicidad – ¿Qué es lo que menos desea el hombre? / su infelicidad

Vokabeln 15 D

el progreso	Fortschritt	**activo/-a**	aktiv
llama al progreso	ruft nach Fortschritt	**loco/-a**	verrückt
la duda	Zweifel	**más activa y locamente**	aktiver und verrückter
hoy se vive	heutzutage lebt man	**simple, simplemente**	einfach / bloß
mucho mejor que	viel besser als	**tan bien como**	so gut wie
¿cree Vd.?	glauben Sie?	**la gente gana más**	die Leute verdienen mehr
más de prisa	schneller		

mucho más que	viel mehr als	somos nosotros quienes	es sind wir, die
hace años	vor Jahren	tan lejos	so weit
el coste de la vida	Lebenshaltungskosten	más lejos que	weiter als
más alto/-a	höher	el progreso mismo	der Fortschritt selbst
¿y qué decir de?	und was kann man sagen über?	sigue su marcha normal	setzt seinen normalen Gang fort
el aspecto	Gesichtspunkt	lo usa mal	bedient sich dessen falsch
puro/-a, puramente	bloß / lediglich		
material	materiell	muchas veces	oft
el hombre	Mensch	lujoso/-a, lujosamente	luxuriös, verschwenderisch
más intensivamente	intensiver		
la vida	Leben	solo/-a, solamente	nur
¿se compra?	kauft man?	cuestión de necesidad	Frage der Notwendigkeit
la felicidad	Glück		
por una parte	einerseits	desde mucho, muchísimo antes de nosotros	lange, sehr lange vor uns
cada vez hace falta trabajar menos	man muß / braucht immer weniger (zu) arbeiten		
		constante, constantemente	ständig
¿qué hace falta?	was muß / braucht man?	más tarde	später
en todo caso	jedenfalls	el futuro	die Zukunft
el ambiente de trabajo	Arbeitsatmosphäre	entre los hombres	unter den Menschen
corto/-a	kurz	el que tiene poco	der wenig hat
en segundo lugar	zweitens	tanto como	so viel wie
la consecuencia	Folge	el que más tiene	der am meisten hat
disponer de	verfügen über	con distancia	mit Abstand
la posibilidad	Möglichkeit	psicológico/-a, psicológicamente	psychologisch
en mi opinión	meiner Meinung nach		
demasiado lejos	zu weit	sano/-a	gesund
Vd. mismo/-a	Sie selbst	está constatado	es ist festgestellt / bewiesen
expresa	drücken aus		
lo que yo	was ich		

16. Stunde

La pelea   16 A

Una vez un caballero entra en un bar, saluda, va a una mesa, se sienta y pregunta al camarero:
 – ¿Puede darme un coñac doble, por favor?
 – Naturalmente, ahora mismo se lo llevo, le dice el camarero.
El caballero se lo bebe de un trago y vuelve a dirigirse al camarero con una seña:
 – Otro coñac doble para prepararme a la pelea, por favor.

El camarero se lo sirve sin preguntarle nada, y el tipo vuelve a bebérselo de la misma forma que el primero. La escena se repite una y otra vez. El tipo se bebe hasta 15 coñacs dobles en forma consecutiva. Después del coñac número quince se encuentra el caballero un poco bebido y se echa bajo la mesa, pero vuelve a levantarse y habla de nuevo:

– Por favor el último trago antes de la pelea. ¿Me lo trae rápidamente?

– ¿Antes de la pelea, dice Vd.? – le pregunta el camarero. Se lo llevo si puede y tiene la amabilidad de explicarme de qué pelea se trata, caballero.

– Bien, con mucho gusto, ya que Vd. insiste. No tengo más remedio que explicárselo. Pero no puedo garantizarle ninguna sorpresa agradable con mi respuesta. De esto puede estar convencido. ¿Sabe Vd., amigo?...

– Vamos, vamos, ¿acaba Vd.?

– Se trata, hombre, de la pelea que va a tener Vd. conmigo -contesta el borracho y continúa- lo que he bebido no puedo pagárselo, porque no tengo ni una peseta.

Erläuterungen **16 B**

I. Zusammengesetzte Formen der unbetonten Personalpronomen

1. In einem Satz mit einem Reflexivpronomen und einem Personalpronomen im Akkusativ steht das **Reflexivpronomen** immer **vor** dem Personalpronomen.

El caballero **se** bebe **el coñac** de un trago.	*Der Herr trinkt den Kognak mit einem Schluck.*
El caballero **se lo** bebe de un trago.	*Er trinkt ihn mit einem Schluck.*

2. Stehen in einem Satz ein persönliches Fürwort im Dativ und eines im Akkusativ, so steht immer der **Dativ vor dem Akkusativ** (im Gegensatz zum Deutschen).

¿**Me** trae **el coñac** rápidamente?	*Bringen Sie mir den Kognak schnell?*
¿**Me lo** trae rápidamente?	*Bringen Sie ihn mir schnell?*

3. Der Dativ **le** und **les** wird vor allen mit **l** beginnenden Fürwörtern durch **se** ersetzt. Geht aus dem Zusammenhang nicht klar hervor, für welches Dativpronomen se eingetreten ist, so wird der Dativ der entsprechenden Formen des betonten Fürwortes hinzugefügt.

Ahora mismo llevo **el coñac** a Vd.	*Gleich bringe ich Ihnen den Kognak.*
Ahora mismo **le** llevo **el coñac**.	*Gleich bringe ich Ihnen den Kognak.*
Ahora mismo **se lo** llevo.	*Gleich bringe ich ihn Ihnen.*
Ahora mismo **se lo** llevo a Vd.	*Gleich bringe ich ihn Ihnen (und keinem anderen).*

4. Beide Fürwörter stehen **unmittelbar vor** dem konjugierten Verb, und zwar steht immer zuerst das Reflexivpronomen oder der Dativ und dann der Akkusativ.

El caballero **se lo** bebe de un trago.	*Der Herr trinkt ihn mit einem Schluck.*
¿**Me lo** trae rápidamente?	*Bringen Sie ihn mir schnell?*

5. Beide Fürwörter können auch **nach** dem **Infinitiv** stehen; sie werden dann direkt an die Infinitivform angehängt und bilden mit diesem ein Wort.

¿Puede dar**me** un coñac doble, por favor?	*Bitte können Sie mir einen doppelten Kognak geben?*
Vuelve a dirigir**se** al camarero.	*Er wendet sich wieder an den Ober.*
El tipo vuelve a bebér**selo** de la misma forma.	*Der Kerl trinkt ihn wieder auf die gleiche Weise.*
Lo que he bebido no puede pagár**selo**.	*Was ich getrunken habe, kann ich Ihnen nicht bezahlen.*

II. Verben mit Unregelmäßigkeiten im Präsens

1. **servir** *dienen*, **repetir** *wiederholen* sind Verben auf -ir, die in der 1., 2. und 3. Person Singular und in der 3. Person Plural den Stammvokal **-e-** in **-i-** verändern (siehe 11. Stunde).

servir *dienen*	repetir *wiederholen*
sirvo, sirves, sirve, servimos, servís, sirven	repito, repites, repite, repetimos, repetís, repiten

2. continuar *fortsetzen* ist eines der Verben auf -uar, die in der 1., 2. und 3. Person Singular und in der 3. Person Plural auf den Stammvokal **-u-** einen **Akzent** bekommen.

---
continuar *fortsetzen*

continúo, continúas, continúa, continuamos, continuáis, continúan

---

Übungen 16 C

1. Setzen Sie das richtige Fürwort ein:

El caballero se bebe el coñac. Se ... bebe de un trago. – ¿Me trae otro coñac? ¿Me ... trae rápidamente? – El tipo se bebe 15 coñacs. Se ... bebe en forma consecutiva. – El caballero no nos garantiza sorpresas. No nos ... garantiza nunca. – El caballero nos explica de qué se trata. Nos ... explica finalmente. – El camarero te da una respuesta. Te ... da más tarde. – Uno no se compra la felicidad. Uno no se ... compra con dinero. – ¿Me permite una pregunta? ¿Me ... permite Vd.? – ¿No me hace más preguntas? ¿No me ... hace Vd.? – ¿Por qué nos pone la multa? ¿Por qué nos ... pone?

2. Antworten Sie nach folgendem Muster: Verwenden Sie me, te, nos *oder* os:

Beispiel: – El camarero no **le** pregunta **nada** al señor.
– A mí tampoco **me lo** pregunta.

El camarero no le trae el coñac. – El camarero no le lleva más coñacs. – El caballero no nos explica de qué se trata. – El no nos garantiza ninguna sorpresa agradable. – El camarero no le hace ninguna seña al señor. – Roberto no le dice a José cuánto cuesta el magnetofón. – José no le escribe ninguna carta a Roberto. – El señor de la puerta no le rompe las entradas. – El señor de la puerta no nos rompe el papelote. – Roberto no le da las gracias a José.

3. Antworten Sie mit zwei Fürwörtern nach folgendem Muster:

Beispiel: – Hoy no **nos** dan **información**.
– Es la primera vez que no **nos la** dan.

Hoy no le dan ningún coñac a ese tipo. – Hoy no nos sirve vino el camarero. – Hoy no se bebe el caballero 15 coñacs. – Hoy no nos trae el camarero alcohol. – Hoy no nos explican las noticias. – A Carmen no le ofrecen empleo este año. – A José no le pagan bien ese trabajo. – A mis amigos no les desea nadie lo mismo. – Esta vez no le damos gracias al jefe. – Esta vez no le envías rápidamente el dinero a Roberto.

4. Antworten Sie nach folgendem Muster:

Beispiel: – ¿**Le** llevo **el coñac**, señor?
– ¿Puede traér**melo** un poco más tarde, por favor?

¿Le doy un coñac doble, señor? – ¿Les digo una noticia, señores? – ¿Les doy mi opinión, señores? – ¿Le explicamos el programa, señora? – ¿Le traigo un periódico, señora? – ¿Le explico de qué se trata, señor? – ¿Le pago lo que he bebido, camarero? – ¿Le abrimos la maleta, señor? – ¿Te escribo ahora la carta, Roberto? – ¿Te envío ahora el magnetofón, José?

5. Antworten Sie nach folgendem Muster:

Beispiel: – ¿Puede **darme un coñac** doble, por favor?
– Lo siento. No puedo **dárselo** ahora mismo.

¿Me dice cuánto cuesta, por favor? – ¿Nos explica la escena, por favor? – ¿Puede explicarnos la pelea, por favor? – ¿Puede dar aviso al jefe, por favor? – ¿Me paga ahora todo, señor? – ¿Puede solucionarnos ese problema? – ¿Me permite una pregunta? – ¿Me da otra entrada, por favor? – ¿Por qué no te pones el bañador? – ¿Puede arreglarme todo?

Vokabeln 16 D

la pelea	Kampf / Streit
una vez	einmal, eines Tages
el caballero	Herr
el camarero	Kellner
el coñac	Weinbrand, Kognak
doble	doppelt
se lo llevo	ich bringe ihn Ihnen
se lo bebe	er trinkt ihn
de un trago	mit einem Schluck
vuelve a dirigirse	wendet sich wieder an
la seña	Wink
para prepararme a	um mich vorzubereiten auf
se lo sirve	er serviert ihn ihm
sin preguntarle nada	ohne ihn etwas zu fragen
vuelve a bebérselo	er trinkt ihn wieder
el tipo	Typ, Kerl
de la misma forma que	in der gleichen Weise wie
la escena	Szene
se repite	wiederholt sich
una y otra vez	mehrmals
el tipo se bebe	der Typ / Kerl trinkt
en forma consecutiva	hintereinander
después del coñac	nach dem Weinbrand
un poco bebido	ein wenig angetrunken
se echa	legt sich hin
bajo	unter
vuelve a levantarse	steht wieder auf
último/-a	letzte/-r
el trago	Schluck
¿me lo trae?	bringen Sie ihn mir?
si tiene la amabilidad de	wenn Sie die Freundlichkeit haben zu
explicarme de qué pelea se trata	mir erklären, um welchen Kampf es sich handelt

ya que	weil, da ja	¿acaba Vd.?	sind Sie fertig?
Vd. insiste	Sie bestehen darauf	va a tener Vd.	Sie werden haben
no tengo más remedio que	ich habe keinen anderen Ausweg als	conmigo	mit mir
		contesta	antwortet
explicárselo	es Ihnen erklären	el borracho	Trinker, Betrunkener
garantizar	garantieren		
la sorpresa	Überraschung	continúa	er fährt fort
la respuesta	Antwort	lo que he bebido	was ich getrunken habe
de esto	davon		
estar convencido	überzeugt sein	pagárselo	es Ihnen bezahlen
¿sabe Vd., amigo?	wissen Sie, mein Freund	no tengo ni	ich habe nicht einmal
vamos, vamos	los, los		

17. Stunde

La campaña electoral 17 A

– ¿Qué noticias trae el periódico de hoy, de qué habla?
– Los temas de que habla son ya conocidos. Pero ¿qué es lo que más te interesa, de qué quieres informarte?
– Lo que más me interesa ahora es la campaña electoral.
– Yo personalmente no le doy importancia. Ya conocemos los trucos con que hacen su propaganda, los seudoargumentos en que se apoyan y la conclusión a que llevan, para lo cual no merece la pena...
– ¿Qué es lo que no merece la pena? ¿Cómo votas tú, entonces; a quién das tu voto?
– Hay que diferenciar...
– ¿Entre qué y qué?
– Primero, entre la campaña electoral y los políticos; segundo, entre lo que prometen los políticos, quienes fácilmente cambian de chaqueta, y la línea que siguen o la meta que persiguen los partidos. Quien da su voto a un partido debe tener un criterio.
– ¿Y cuál es el criterio decisivo por el que tú te decides?
– La línea y la meta de ese partido. Partidos – en el poder o de la oposición – cuya política no está bien definida no cuentan para mí.

– ¿Desde cuándo piensas así? Así que no es despreocupación por lo que nunca comentas nada sobre esto. En el fondo tengo la misma opinión que tú. Una persona cuyo partido cambia tras una campaña electoral no merece mucho de lo que se llama simpatía. El partido al cual se elige debe hacer algo más que programar unas elecciones.

– Y bien, ¿de qué viene tu interés por lo que dice el periódico?

– Me extraña un poco tu actitud, tu aparente desinterés. En primer lugar es normal ocuparse de un tema cuando es actual, ¿no? En segundo lugar, cuando te oigo, se me ocurre preguntarte si no tienes humor. ¿No te produce risa la farsa que a veces montan los políticos?

Erläuterungen **17 B**

I. Die Interrogativpronomen (Fragefürwörter)

1. Die Fragefürwörter **ohne** Präpositionen

¿quién(es)?	*wer?*	(fragt nur nach Personen)
¿qué?	*was?*	(fragt nur nach Sachen)
¿cuál(es)?	*welche(r)?*	(fragt nach Personen und Sachen)
¿cuánto(s)? ¿cuánta(s)?	*wieviel(e)?*	(fragt nach Personen und Sachen)
¿cuánto?	*wieviel?*	
¿cómo?	*wie?*	
¿dónde?	*wo?*	
¿cuándo?	*wann?*	

¿**Qué** dice el periódico? — *Was steht in der Zeitung?*
¿**Quién(es)** compra(n) todo eso? — *Wer kauft das alles?*
¿**Cuáles** son los criterios? — *Welche sind die Kriterien?*
¿**Cómo** es eso? — *Wie ist das?*
¿**Cuánto** cuesta el nuevo coche? — *Wieviel kostet das neue Auto?*
¿**Cuántas** son? — *Wieviele (Frauen) sind es?*
¿**Dónde** hay una mesa libre? — *Wo ist ein freier Tisch?*
¿**Cuándo** empieza a trabajar de nuevo? — *Wann fängt er wieder zu arbeiten an?*

2. Fragefürwörter **mit** Präpositionen

¿**a** qué?	wozu?	¿**a** quién?	wen? wem?
¿**con** qué?	womit?	¿**con** quién?	mit wem?
¿**de** qué?	wovon?	¿**de** quién?	von wem? wessen?
¿**para** qué?	wofür? wozu?	¿**para** quién?	für wen?
¿**por** qué?	warum?	¿**por** quién?	für wen? wem zuliebe?
¿**adónde**?	wohin?	¿**desde** cuándo?	seit wann?
¿**de** dónde?	woher?	¿**hasta** cuándo?	bis wann?
¿**hasta** dónde?	bis wohin?	¿**para** cuándo?	für wann?
¿**por** dónde?	wodurch?		

3. ¿**qué**? vor einem Substantiv bedeutet **welcher?** oder **was für ein?**
   ¿**cuál(es)**? steht nie unmittelbar vor dem Substantiv.

¿**Qué** programa tienen Vds. hoy?	*Was für ein Programm haben Sie heute?*
¿**Qué** noticias trae el periódico?	*Was für Nachrichten bringt die Zeitung?*
¿**Cuál** es el criterio decisivo?	*Welches ist das entscheidende Kriterium?*
¿**Cuáles** son los partidos de la oposición?	*Welche sind die Oppositionsparteien?*

II. Die Relativpronomen (bezügliche Fürwörter)

1. **Que** ist das meistgebrauchte bezügliche Fürwort. Es ist **unveränderlich**, bezieht sich auf Personen und auf Sachen, steht im Singular und im Plural und wird auch nach kurzen Präpositionen gebraucht.

El señor/la señora **que** habla allí es español/a.	*Der Herr / die Dame, die dort spricht, ist Spanier/in.*
Los señores / las señoras **que** vienen son españoles/as.	*Die Herren / die Damen, die kommen, sind Spanier/innen.*
La palabra **que** significa esto es diferente.	*Das Wort, das dies bedeutet, ist anders.*
Los temas **de que** habla son ya conocidos.	*Die Themen, über die er spricht, sind bereits bekannt.*
Ya conocemos los trucos **con que** hacen su propaganda.	*Wir kennen bereits die Tricks, mit denen sie ihre Propaganda betreiben.*

2. Das bezügliche Fürwort **quien**, Plural **quienes** bezieht sich nur auf **Personen**. Es steht auch nach Präpositionen.

Los políticos **quienes** fácilmente cambian la chaqueta ...	*Die Politiker, die sehr leicht ihre Meinung ändern ...*
Quien da su voto a un partido debe tener un criterio.	*Wer seine Stimme einer Partei gibt, muß einen Grund dafür haben.*

3. Die bezüglichen Fürwörter **el/la que, los/las que** beziehen sich auf Personen und Sachen und richten sich in Geschlecht und Zahl nach ihrem Beziehungswort. Sie können auch am Anfang eines Satzes stehen sowie nach Präpositionen.

Lo que más me interesa ahora es la campaña electoral.	*Was mich jetzt am meisten interessiert ist der Wahlkampf.*
¿Y cuál es el criterio **por el que** tú te decides?	*Und welches ist das Kriterium, weswegen Du Dich entscheidest?*
Hay que diferenciar **entre lo que** prometen y la línea que siguen.	*Man muß unterscheiden zwischen dem, was sie versprechen und der Linie, der sie folgen.*

4. Die bezüglichen Fürwörter **el/la cual, los/las cuales** beziehen sich auf Personen und Sachen und richten sich in Geschlecht und Zahl nach ihrem Beziehungswort. Sie stehen meist nach Präpositionen.

El partido **al cual** se elige debe hacer algo más.	*Die Partei, die gewählt wird, muß etwas mehr tun.*
Ya conocemos la conclusión a que llevan, **para lo cual** no merece la pena ...	*Wir kennen bereits das Ergebnis, zu dem sie kommen, weshalb es sich nicht lohnt ...*

5. Die besitzanzeigenden bezüglichen Fürwörter **cuyo/a, cuyos/as** *dessen, deren* richten sich in Geschlecht und Zahl nach dem darauffolgenden Substantiv.

Es una persona **cuyo** partido está en el poder.	*Er ist eine Person, deren Partei an der Macht ist.*
Es una persona **cuya** política no está bien definida.	*Er ist eine Person, deren Politik nicht gut definiert ist.*
Es una persona **cuyos** criterios no son claros.	*Er ist eine Person, deren Kriterien nicht klar sind.*
Es una persona **cuyas** ideas no son claras.	*Er ist eine Person, deren Ideen nicht klar sind.*

III. Verben mit Unregelmäßigkeiten im Präsens

1. **seguir** *folgen* ist eines der Verben auf -ir, die in der 1., 2. und 3. Person Singular und in der 3. Person Plural den Stammvokal -e- in -i- ändern (siehe 11. Stunde).

seguir *folgen*
sigo, sigues, sigue, seguimos, seguís, siguen

2. **merecer** *verdienen* ist eines der Verben auf -ecer, die in der 1. Person Singular das -c- durch -zc- ersetzen (siehe 10. Stunde).

merecer *verdienen*
merezco, mereces, merece, merecemos, merecéis, merecen

Übungen 17 C

1. Stellen Sie Fragen mit dem richtigen Fragefürwort:

Beispiel: – Roberto envía el magnetofón.
– ¿Qué envía Roberto?
– Roberto envía el magnetofón.
– ¿Quién envía el magnetofón?

El periódico trae malas noticias. – Esto es lo que más me interesa. – La farsa política no merece la pena. – Esto que te acabo de decir es el criterio decisivo. – Se vive más activa y locamente. – Hoy se vive así. – La gente gana más que hace años. – Esto es lo que está constatado. – La tendencia actual se debe acentuar cada vez más. – Esta es la tendencia actual.

2. Stellen Sie Fragen mit dem richtigen Fragefürwort und der Präposition:

Beispiel: – El periódico habla de la campaña electoral.
– ¿De qué habla el periódico?

Doy mi voto a los de la oposición. – Elijo a este político porque es serio. – Envío mi voto por carta. – Envío mi voto a la ciudad. – Pienso así desde hace mucho tiempo. – No sabemos el resultado hasta mañana. – Este dinero es para las vacaciones. – Voy a casa por la plaza. – Hago esto para mi trabajo. – Por el menor consumo se producen coches más pequeños.

3. Stellen Sie Fragen mit ¿qué? bzw. ¿cuál/es?:

Beispiel: – Tenemos un coche moderno.
– **¿Qué coche** tienen Uds.?
– El rojo es nuestro coche.
– **¿Cuál** es su **coche**?

El periódico trae noticias conocidas. – Yo necesito tener un criterio decisivo. – Mi criterio es la línea del partido. – Tengo la misma opinión que tú. – Elegimos a un partido de la oposición. – Leemos periódicos de aquí. – El motivo de la pelea es el dinero. – Esas noticias no me gustan. – Esas son las respuestas inteligentes. – El menor consumo es el motivo de los coches pequeños.

4. Beantworten Sie die Fragen nach folgendem Muster: verwenden Sie die Formen el/la que, los/las que, lo que, auch mit Präpositionen:

Beispiel: – ¿Qué noticias trae el periódico de hoy?
– **Las que** te gustan a ti.

¿Qué trucos conoces? – ¿De qué habla el periódico? – ¿A quién das tu voto? – ¿De qué quieres informarte? – ¿Quiénes cambian fácilmente la chaqueta? – ¿Por qué partido te decides? – ¿Qué opinión tienes tú? – ¿Cuál es tu actitud? – ¿Con qué se vive más feliz? – ¿Cuál es la marcha del progreso?

5. Antworten Sie mit cuyo/a, cuyos/as nach folgendem Muster:

Beispiel: – ¿Qué partido eliges? / política
– Uno **cuya** política me gusta.

¿Qué periódico lees? / comentarios – ¿Qué periódicos compras? / noticias – ¿Qué partido gana las elecciones? / campaña electoral – ¿Qué propaganda prefieres? / trucos – ¿A qué político das tu voto? / criterio – ¿Qué trabajo tienes? / ambiente – ¿En qué coches piensas? / instrumentos accesorios – ¿Qué coche tienes? / línea – ¿Por qué coche pagas tanto dinero? / motor – ¿Qué marca de coche se vende más? / modelos

Vokabeln 17 D

la campaña electoral	Wahlkampf	los temas de que habla	die Themen, wovon sie spricht
¿qué noticias trae?	welche / was für Nachrichten bringt sie?	son ya conocidos	sind schon bekannt
		¿qué es lo que?	was ist, was …?
		¿de qué quieres informarte?	worüber willst du dich informieren?

personalmente	persönlich
no le doy importancia	ich nehme das nicht so wichtig
los trucos con que	die Tricks, womit
los seudoargumentos en que se apoyan	die Pseudoargumente, auf die sie sich stützen
la conclusión a que llevan	das Ergebnis, zu dem sie führen
para lo cual	für was / wofür
no merece la pena	es lohnt sich nicht
¿cómo votas tú?	wie wählst du?
¿a quién das?	wem gibst du?
el voto	Stimme
hay que	man muß
diferenciar	unterscheiden
entre	zwischen
primero ...	erstens
el político	Politiker
segundo ...	zweitens
entre lo que	zwischen dem, was
prometen	sie versprechen
quienes	wer, die
fácilmente	leicht, mit Leichtigkeit
cambian de chaqueta	die Jacke wechseln (Meinung ändern)
la línea que siguen	die Richtlinie, der sie folgen
la meta que persiguen	das Ziel, das sie verfolgen
el partido	Partei
quien da	wer gibt
el criterio	Kriterium
¿cuál es el criterio decisivo por el que?	welches ist das entscheidende Kriterium, nach dem?
tú te decides	du entscheidest dich
el poder	Macht
la oposición	Opposition
partidos cuya política	Parteien, deren Politik
no está bien definida	nicht genau bestimmt ist
no cuentan	zählen nicht
¿desde cuándo?	seit wann?
no es despreocupación por lo que	es ist nicht Teilnahmslosigkeit, weshalb
nunca comentas nada sobre esto	du sagst nie etwas darüber
en el fondo	im Grunde
una persona cuyo partido	eine Person, deren Partei
tras	nach
no merece mucho de lo que	verdient nicht viel von dem, was
se llama simpatía	man nennt es Sympathie
el partido al cual se elige	die Partei, die man wählt
programar unas elecciones	welche Wahlen programmieren
y bien	also
¿de qué viene tu interés por?	woher kommt dein Interesse für?
me extraña	es wundert mich
la actitud	Haltung
aparente	scheinbar
el desinterés	Gleichgültigkeit
en primer lugar	erstens
ocuparse de	sich befassen mit
cuando es actual	wenn es aktuell ist
se me ocurre	mir fällt ein
si no tienes humor	ob du keinen Sinn für Humor hast
¿no te produce risa?	bringt es dich nicht zum Lachen?
la farsa	Farce
montan	sie inszenieren

18. Stunde

¿Ha sido algo importante? 18 A

– ¿Ha llegado ya el correo?
– No, todavía no ha venido.
– Pero Vd. ha hecho ya un montón de cosas, ¿no?
– Casi todo lo que Vd. me ha dicho antes de salir. He traducido la carta alemana de ayer, he hecho unas foto-

copias, le he reservado a Vd. un billete de avión para su próximo viaje, he puesto una conferencia teléfonica al hotel donde Vd. siempre se hospeda... Pero no he podido pasar a máquina las dos cartas dictadas por Vd. y que he tomado en taquigrafía; después de todo, no hace mucho que ha salido Vd. y ya ha vuelto. Además, han llamado varias veces por teléfono.
— ¿Ha sido algo importante?
— No, sólo cuestión de información.
— ¿Algo más?
— No. Bueno, también he preparado un buen café, prácticamente acabo de prepararlo.
— ¿No ha venido o llamado ninguno de nuestros socios?
— Ah, sí, claro, ha venido un señor que ha estado aquí dos o tres veces más. Pero se ha marchado enseguida. Ni siquiera se ha sentado. Ha dicho que vuelve un poco más tarde.
— ¿No le ha dado nada para mí? ¿Qué ha hecho aquí?
— Debe de tratarse de algo muy delicado. Me ha pedido un bolígrafo, ha escrito una nota y la ha roto. Inmediatamente después ha escrito algo más a máquina, lo ha corregido, me ha pedido un sobre, ha metido la nota dentro, lo ha cerrado, ha puesto el nombre de Vd. y debajo "muy urgente y confidencial", pero finalmente ha roto todo y lo ha tirado a la papelera.

Erläuterungen **18 B**

I. Das Perfekt. Das Partizip Perfekt.

1. Das **Perfekt** dient zur Bezeichnung einer Handlung, die zwar in der **Vergangenheit** abgeschlossen ist, mit der **Gegenwart** jedoch in gewisser Weise in Verbindung steht bzw. deren Folgen in die Gegenwart reichen.

He preparado un buen café **en este momento**.	*Ich habe gerade einen guten Kaffee gemacht.*
El señor de hace dos días ha estado aquí **hoy**.	*Der Herr von vor zwei Tagen ist heute hier gewesen.*
Los griegos nos han dado el modelo de las artes clásicas.	*Die Griechen haben uns das Beispiel der klassischen Kunst überliefert.*

2. Das Perfekt wird immer mit dem Hilfsverb **haber** und mit dem in diesem Zusammenhang **unveränderlichen Partizip** gebildet.

He traducido la carta al alemán.	*Ich habe den Brief ins Deutsche übersetzt.*
¿**Ha llegado** ya el correo?	*Ist die Post schon gekommen?*
¿**Ha sido** algo importante?	*Ist etwas Wichtiges gewesen?*

3. Die Formen des Hilfsverbs **haber** *haben* im Präsens.

yo	**he**	nosotros **hemos**
tú	**has**	vosotros **habéis**
él, ella, Vd.	**ha**	ellos, ellas, Vds. **han**

4. Das Partizip der regelmäßigen Verben auf **-ar** endet auf **-ado**, der regelmäßigen Verben auf **-er** endet auf **-ido** und der regelmäßigen Verben auf **-ir** endet auf **-ido**.

estudiar	*studieren*	estudiado	ser	*sein*	sido	ir	*gehen*	ido
hablar	*sprechen*	hablado	creer	*glauben*	creído	venir	*kommen*	venido
dar	*geben*	dado	tener	*halten*	tenido	salir	*weggehen*	salido

5. Die wichtigsten **unregelmäßigen** Partizipien.

abrir	*öffnen*	**abierto**	poner	*legen*	**puesto**
cubrir	*bedecken*	**cubierto**	proveer	*versehen mit*	**provisto**
decir	*sagen*	**dicho**	resolver	*lösen*	**resuelto**
escribir	*schreiben*	**escrito**	romper	*zerbrechen*	**roto**
hacer	*machen*	**hecho**	ver	*sehen*	**visto**
morir	*sterben*	**muerto**	volver	*zurückkehren*	**vuelto**

6. Bei der Bildung des Perfekts bilden das Hilfsverb **haber** und das **Partizip** eine untrennbare Einheit. Haber steht immer **vor** dem Partizip.

He traducido la carta alemana.	*Ich habe den deutschen Brief übersetzt.*
¿No **ha venido** ninguno de nuestros socios?	*Ist keiner unserer Partner gekommen?*
El ni siquiera se **ha sentado**.	*Er hat sich nicht einmal hingesetzt.*

7. Das Perfekt wird entweder **ohne** genaue Zeitbestimmung verwendet oder im Zusammenhang mit den folgenden **Zeitangaben**:

todavía (no)	*noch (nicht)*	**esta**	mañana	*heute morgen*
aún (no)	*noch (nicht)*	**esta**	semana	*diese Woche*
ya	*schon*	**este**	mes	*diesen Monat*
hasta ahora	*bis heute*	**este**	verano	*diesen Sommer*
en mi vida	*in meinem Leben*	**este**	año	*dieses Jahr*
nunca	*niemals*			

¿Ha sido algo importante?	*Ist etwas Wichtiges gewesen?*
¿Ha llegado el correo?	*Ist die Post gekommen?*
El correo **todavía** no ha venido.	*Die Post ist noch nicht gekommen.*
Vd. ha hecho **ya** un montón de cosas.	*Sie haben ja schon eine Menge Dinge gemacht.*
Ha venido un señor que ha estado aquí dos o tres veces más.	*Ein Herr ist gekommen, der schon zwei oder dreimal hier gewesen ist.*

II. Verben mit Unregelmäßigkeiten im Präsens

1. **morir** *sterben* und **resolver** *lösen* sind Verben, die in der 1., 2. und 3. Person Singular und in der 3. Person Plural den Stammvokal **-o-** in **-ue-** ändern (siehe 7. Stunde).

morir *sterben*
m**ue**ro, m**ue**res, m**ue**re, morimos, morís, m**ue**ren

resolver *lösen*
res**ue**lvo, res**ue**lves, res**ue**lve, resolvemos, resolvís, res**ue**lven

2. **corregir** *korrigieren* ist eines der Verben auf **-ir**, die in der 1., 2. und 3. Person Singular und in der 3. Person Plural den Stammvokal **-e-** in **-i-** ändern (siehe 11. Stunde).

corregir *korrigieren*
corr**i**jo, corr**i**ges, corr**i**ge, corregimos, corregís, corr**i**gen.

3. **traducir** *übersetzen* ist eines der Verben auf **-cir**, die in der 1. Person Singular das **-c-** durch **-zc-** ersetzen (siehe 10. Stunde).

tradu**c**ir *übersetzen*
tradu**zc**o, traduces, traduce, traducimos, traducís, traducen

Übungen 18 C

1. Bilden Sie aus jedem Satz a) eine Frage, b) eine Frage mit „no" und c) einen verneinenden Satz nach folgendem Muster:

Beispiel: El correo ha venido.
 a) ¿Ha venido el correo?
 b) ¿No ha venido el correo?
 c) El correo no ha venido.

Vd. ha hecho un montón de cosas. – Yo he traducido la carta alemana. – Ella ha puesto una conferencia. – El ha salido de la oficina. – Han llamado por teléfono. – El se ha marchado enseguida. – El se ha sentado. – El ha escrito una carta. – El me ha pedido un sobre. – El ha roto todo.

2. Antworten Sie nach folgendem Muster:

Beispiel: El correo **no** ha llegado. / el periódico
 a) El periódico **no** ha llegado **tampoco**.
 b) El periódico **tampoco** ha llegado.
 c) **Tampoco** el periódico ha llegado.

Vd. no ha hecho muchas cosas. / yo – El no ha salido hoy. / el jefe – El no ha llamado por teléfono. / Vd. – El señor no ha vuelto. / el jefe – Ella no ha preparado café. / tú – Ellos no han llamado. / nosotros – Yo no me he marchado. / ella – Ellos no se han sentado. / ellas – El no ha cerrado el sobre. / Vd. – Yo no he puesto el nombre en el sobre. / él

3. Stellen Sie die Fragen nach folgendem Muster:

Beispiel: – Normalmente **viene** el correo a las 10.
 – ¿**Ha venido hoy también** a las 10?

Normalmente traduzco cartas. – Normalmente hago fotocopias. – Normalmente vuelve pronto mi jefe. – Siempre son cuestiones de información. – Se trata siempre de algo delicado. – En la oficina escribo cartas. – Normalmente llegan muchas cartas. – Tenemos siempre mucho trabajo. – Comemos a la una. – Vamos a un restaurante a comer.

4. Beantworten Sie die Fragen nach folgendem Muster:

Beispiel: – ¿Ha llegado **ya** el correo?
– Sí, **ya** ha llegado, ha llegado **hace un poco**.

¿Ha vuelto ya el jefe? – ¿Ha preparado Vd. ya el café? – ¿Ha estado ya aquí nuestro socio? – ¿Se ha marchado ya nuestro socio? – ¿Ha leído Vd. ya el periódico? – ¿Has votado tú ya? – ¿Ha cambiado ya la chaqueta ese político? – ¿Ha constatado Vd. ya eso? – ¿Ha cambiado Vd. ya su coche? – ¿Ha vendido Vd. ya su coche?

5. Beantworten Sie die Fragen nach folgendem Muster:

Beispiel: – ¿Ha escrito **ya** José?
– **No, todavía no** ha escrito.

¿Ha enviado ya Roberto el magnetofón? – ¿Han llegado ya los amigos de Roberto? – ¿Ha resuelto ya José el problema? – ¿Se ha bañado ya su amigo? – ¿Han pedido ellos ya algo de beber? – ¿Se ha puesto él ya el bañador? – ¿Ha visto el señor ya la película? – ¿Ha sacado ya la entrada? – ¿Han declarado ya ellos el alcohol? – ¿Han abierto ya la maleta?

Vokabeln

18 D

¿ha sido?	ist es gewesen?
¿ha llegado?	ist ... angekommen?
el correo	Post
todavía no ha venido	ist noch nicht angekommen
Vd. ha hecho ya	Sie haben schon getan
un montón de cosas	eine Menge Dinge
todo lo que	alles, was
Vd. me ha dicho	Sie haben mir gesagt
antes de salir	bevor Sie weggegangen sind
he traducido	ich habe übersetzt
de ayer	von gestern
la fotocopia	Photokopie
le he reservado	ich habe für Sie bestellt
el billete de avión	Flugticket
he puesto una conferencia telefónica al hotel	ich habe das Hotel angerufen
donde Vd. se hospeda	wo Sie absteigen
no he podido pasar a máquina	ich habe nicht mit der Maschine schreiben können
las dos cartas dictadas por Vd.	die zwei von Ihnen diktierten Briefe
he tomado en taquigrafía	ich habe in Kurzschrift aufgenommen
después de todo	schließlich
no hace mucho que ha salido Vd.	es ist nicht lange her, daß Sie weggegangen sind
ya ha vuelto	Sie sind schon zurückgekommen
han llamado por teléfono	man hat angerufen
varias veces	verschiedene Male
he preparado un buen café	ich habe einen guten Kaffee gemacht
acabo de prepararlo	ich habe ihn soeben gemacht
el socio	Partner
se ha marchado	er ist weggegangen
enseguida	sofort

ni siquiera	nicht einmal	ha escrito a máquina	hat mit der Maschine geschrieben
se ha sentado	hat sich hingesetzt		
ha dicho	hat gesagt	lo ha corregido	er hat es korrigiert
¿no le ha dado nada?	hat er Ihnen nichts gegeben?	el sobre	Briefumschlag
		ha metido la nota dentro	er hat die Notiz hineingetan
debe de tratarse de algo	es wird sich um etwas handeln	lo ha cerrado	er hat ihn zugemacht
delicado/-a	delikat / empfindlich		
		ha puesto el nombre de Vd.	hat Ihren Namen draufgeschrieben
me ha pedido	hat mich gebeten um		
		debajo	unten
el bolígrafo	Kugelschreiber	urgente	dringend
ha escrito	hat geschrieben	confidencial	vertraulich
la nota	Notiz	lo ha tirado a la papelera	er hat es geworfen in Papierkorb
la ha roto	er hat sie zerrissen		
inmediatamente	unmittelbar		

19. Stunde

Tendrán buen vino, ¿verdad? 19 A

– Vamos a ver qué es lo que tomamos hoy.

– Primero vamos a hablar de los entremeses, ¿no? Aquí arriba al principio de la carta tenemos diversidad de platos: entremeses variados, jamón, chorizo, calamares, mejillones, gambas, langostinos...

– Yo diría que podríamos empezar con mariscos.

– Entonces elegimos pescado. Aquí en este restaurante junto al mar lo prepararán mejor que la carne.

– ¿Sabes qué? Hoy preguntamos al camarero qué plato nos recomienda.

– Estoy de acuerdo. Pero empezamos con gambas o langostinos, ¿no?

– Camarero, ¿nos recomienda Vd. algo especial?

– ¿Qué les gustaría? ¿No saben Vds. que la especialidad de la casa es la paella? ¿Han probado Vds. ya nuestra paella?

– Yo la probaría, ya la habría probado, pero yo solo no puedo comer una ración para dos personas y a mi señora no le gusta la paella.

– ¿Pero ha probado la nuestra?

– Ni la ha probado ni la probará; no le gusta el arroz.

– Entonces, ¿por qué no toman plato variado de pescado?
– Sí, eso es. Con una buena ensalada mixta.
– ¿Qué bebida van a tomar, un vino blanco o la típica sangría?
– Tendrán buen vino, ¿verdad? ¿Qué es mejor? No sé. Con el pescado es más normal el vino blanco. Tomaríamos vino blanco, pero aquí en España será mejor la sangría.
– Desearán postre también, ¿no?
– Sí, se lo pediremos más tarde. Gracias.

Erläuterungen **19 B**

I. Futur I und Futur II (1. und 2. Zukunft)

1. Das **Futur I** wird gebraucht, um einen in der **Zukunft** liegenden Vorgang oder Zustand zu bezeichnen.

Ni ha probado la paella ni la **probará**.	*Sie hat die Paella nicht versucht und wird sie auch nicht versuchen.*
¿Qué bebida **tomarán**?	*Was werden Sie trinken?*
Le **pediremos** el postre más tarde.	*Den Nachtisch werden wir später bestellen.*

2. Das **Futur I** wird auch gebraucht, um eine **Vermutung** oder **Möglichkeit** in der Gegenwart oder Zukunft auszudrücken.

Tendrán buen vino, ¿verdad?	*Sie haben sicher guten Wein, nicht wahr?*
No sé, **será** mejor la sangría.	*Ich weiß nicht, die Sangria ist vielleicht besser.*

3. Das **Futur I** wird auch in Vertragstexten, Verordnungen usw. als Ausdruck der **Verpflichtung** gebraucht.

El pago **será** puntual.	*Die Zahlung ist pünktlich zu leisten.*

4. Das **Futur I** wird gebildet, indem an die volle Form des **Infinitivs** die Endungen **-é, -ás, -á, -emos, -éis, -án** angehängt werden. Sie sind für die drei Konjugationen gleich.

esperar warten	comprender verstehen	escribir schreiben
esperar**é**	comprender**é**	escribir**é**
esperar**ás**	comprender**ás**	escribir**ás**
esperar**á**	comprender**á**	escribir**á**
esperar**emos**	comprender**emos**	escribir**emos**
esperar**éis**	comprender**éis**	escribir**éis**
esperar**án**	comprender**án**	escribir**án**

5. Bei einigen Verben ist lediglich der **Stamm** gegenüber dem Infinitiv verändert.

caber	*Platz haben*	cab**ré** ...	poder	*können*	pod**ré** ...
decir	*sagen*	di**ré** ...	poner	*legen*	pon**dré** ...
haber	*haben*	hab**ré** ...	querer	*wollen*	quer**ré** ...
hacer	*machen*	ha**ré** ...	saber	*wissen*	sab**ré** ...
salir	*weggehen*	sal**dré** ...	tener	*haben*	ten**dré** ...
venir	*kommen*	ven**dré** ...	valer	*Wert sein*	val**dré** ...

6. **Ir a** + **Infinitiv** des Verbs wird sehr häufig gebraucht, um eine **unmittelbar bevorstehende** Handlung oder eine Absicht auszudrücken.

Vamos a ver qué es lo que tomamos hoy.	*Wir wollen sehen, was wir heute nehmen.*
Primero **vamos a hablar** de los entremeses, ¿no?	*Zuerst reden wir über die Vorspeisen, nicht?*
¿Qué bebida **van a tomar**?	*Was werden Sie trinken?*

7. Das **Futur II** dient zur Bezeichnung einer Handlung, die abgeschlossen sein wird, wenn eine andere eintritt, auch eine in der Zukunft.
Das **Futur II** wird auch im Sinne von **Vermutungen** oder **Ungewißheit** gebraucht.
Das **Futur II** wird gebildet aus dem **Futur I** von **haber** + **Partizip Perfekt**.

Para la hora del postre **habremos terminado** el vino.	*Wenn der Nachtisch kommt, werden wir den Wein ausgetrunken haben.*
Lo **habrá arreglado** todo.	*Er wird wohl alles geregelt haben.*

II. Konditional I und II (1. und 2. Möglichkeitsform)

1. Der **Konditional I** wird gebraucht, um eine **mögliche** oder von bestimmten Voraussetzungen **abhängige Handlung** auszudrücken.

   Yo **probaría** la paella, pero yo solo no puedo comer una ración.
   Ich würde die Paella versuchen, aber ich allein kann keine Portion essen.

   Tomaríamos vino blanco, pero aquí en España será mejor la sangría.
   Wir würden Weißwein trinken, aber hier in Spanien ist vielleicht die Sangria besser.

2. Der **Konditional I** wird auch gebraucht, um eine Frage oder Aussage in ihrem Ton zu **mildern**.

   Yo **diría** que **podríamos** empezar con mariscos.
   Ich würde sagen, wir könnten mit Meeresfrüchten beginnen.

   ¿Qué les **gustaría** tomar?
   Was würden Sie gerne nehmen?

3. Der **Konditional I** wird auch gebraucht, um eine in der Vergangenheit liegende Wahrscheinlichkeit auszudrücken.

   ¿A qué hora ha llegado Vd.?
   Wann sind Sie angekommen?
   No sé; **serían** las 12.
   Ich weiß nicht; es wird 12 gewesen sein.

4. Der **Konditional I** wird gebildet, indem an die volle Form des **Infinitivs** die Endungen **-ía, -ías, -ía, -íamos, -íais, -ían** angehängt werden. Sie sind für die drei Konjugationen gleich.

esperar *warten*	**comprender** *verstehen*	**escribir** *schreiben*
esperaría	comprendería	escribiría
esperarías	comprenderías	escribirías
esperaría	comprendería	escribiría
esperaríamos	comprenderíamos	escribiríamos
esperaríais	comprenderíais	escribiríais
esperarían	comprenderían	escribirían

   Stammveränderungen bei der Bildung des Konditionals gegenüber der Infinitivform sind die selben wie bei der Bildung des **Futur I**.

5. Der **Konditional II** dient zur Bezeichnung von Handlungen in der **Vergangenheit**, die **nicht verwirklicht** wurden, weil hierzu eine

Voraussetzung fehlte. Es wird gebildet aus dem **Konditional I** von **haber + Partizip Perfekt**.

Ya **habría probado** la paella, pero yo solo no puedo comer una ración.
Ich hätte die Paella probiert, aber ich allein kann keine Portion essen.

III. Verben mit Unregelmäßigkeiten im Präsens

1. **recomendar** *empfehlen* ist eines der Verben auf **-ar**, die in der 1., 2. und 3. Person Singular und in der 3. Person Plural den Stammvokal **-e-** in **-ie-** ändern (siehe 7. Stunde).

recomendar *empfehlen*
recom**ie**ndo, recom**ie**ndas, recom**ie**nda, recomendamos, recomendáis, recom**ie**ndan

2. **probar** *versuchen* ist eines der Verben auf **-ar**, die in der 1., 2. und 3. Person Singular und in der 3. Person Plural den Stammvokal **-o-** in **-ue-** ändern (siehe 7. Stunde).

probar *versuchen*
pr**ue**bo, pr**ue**bas, pr**ue**ba, probamos, probáis, pr**ue**ban

Übungen 19 C

1. Beantworten Sie die Fragen nach folgendem Muster:

Beispiel: – ¿**Ha probado** Vd. ya nuestra paella?
– Ni la **he probado** ni la **probaré**.

¿Ha comido Vd. ya en este restaurante? – ¿No le ha gustado nunca la paella? – ¿Han pedido ya el postre? – ¿Ha bebido Vd. alguna vez sangría? – ¿Han elegido Vds. alguna vez pescado? – ¿Han estado ellos alguna vez de acuerdo? – ¿Has leído las noticias? – ¿Has dado ya tu voto a la oposición? – ¿Te has decidido ya? – ¿Ha pagado ya el borracho?

2. Beantworten Sie die Fragen nach folgendem Muster:

Beispiel: – ¿**Vas a probar** la paella?
– Sería bueno, pero no sé si la **probaré**.

¿Va a comer una ración para dos personas? – ¿Van a tomar plato variado de pescado? – ¿Van a pedir postre? – ¿Va a ganar la oposición? – ¿Va a terminar la campaña electoral? – ¿Van a hacer lo que dicen los políticos? – ¿Va a cambiar nuestra política? – ¿Van a comprar Vds. un nuevo coche? – ¿Va a tomar la gente conciencia del problema? – ¿Se va a acentuar más la tendencia actual?

3. Antworten Sie mit dem Futur nach folgendem Muster, um Ihre Vermutung auszudrücken:

Beispiel: – ¿Cómo **preparan** aquí el pescado? / mejor que la carne.
– No sé, pero lo **prepararán** mejor que la carne.

¿Qué recomienda aquí el camarero? / pescado – ¿Cuál es la especialidad de la casa? / la paella – ¿Qué vino tienen aquí? / buen vino – ¿Cuándo nos sirven el postre? / más tarde – ¿Cuándo piden ellos el café? / al final – ¿De qué habla el periódico? / de la campaña electoral – ¿A qué partido da tu amigo su voto? / un partido de la oposición – ¿Quién lo sabe? / Roberto – ¿A qué hora viene Roberto? / a las 8 – ¿Qué hora es? / las 7

4. Beantworten Sie die Fragen nach folgendem Muster:

Beispiel: – ¿**Van a tomar** Vds. postre?
– Sí, **vamos a tomarlo**, pero no ahora.

¿Van a ver lo que toman? – ¿Van a empezar con mariscos? – ¿Van a elegir pescado? – ¿Va a preguntar Vd. al camarero? – ¿Va a probar ella la paella? – ¿Vas a leer el periódico? – ¿Vas a ocuparte de este tema? – ¿Van a declarar ellos el perfume? – ¿Va a entrar el señor en el cine? – ¿Va a entenderse el señor con la empleada?

5. Antworten Sie mit dem Konditional nach folgendem Muster:

Beispiel: – ¿Prueba él la paella?
– La **probaría**, pero no puede.

¿Está ella de acuerdo? – ¿Están Vds. de acuerdo conmigo? – ¿Nos recomienda Vd. algo especial? – ¿Toman Vds. más vino? – ¿Hacen Vds. más vacaciones? – ¿Se quedan Vds. más días aquí? – ¿Vienen Vds. pronto otra vez? – ¿No quiere el señor entrar en el cine? – ¿No dice el señor nada? – ¿Envía Roberto el magnetofón?

Vokabeln 19 D

tendrán buen vino	Sie werden bestimmt einen guten Wein haben	**vamos a hablar**	wir wollen sprechen
vamos a ver	wir wollen sehen	**los entremeses**	Vorspeisen
		arriba	oben

al principio	am Anfang	**yo la probaría**	ich würde sie probieren
la carta	Speisekarte		
tenemos diversidad de platos	wir haben verschiedene Gerichte	**yo la habría probado**	ich hätte sie probiert
variado/-a	verschieden	**yo solo**	ich allein
el jamón	Schinken	**la ración**	Portion
el chorizo	rote (Paprika-)Wurst	**ni la ha probado ni la probará**	sie hat sie weder probiert, noch wird sie sie probieren
el calamar	Tintenfisch		
el mejillón	Miesmuschel		
la gamba	Garnele, Krabbe	**el arroz**	Reis
el langostino	Riesengarnele	**la ensalada**	Salat
yo diría	ich würde sagen	**mixto/-a**	gemischt
los mariscos	Meeresfrüchte	**la bebida**	Getränk
el pescado	Fisch	**¿van a tomar?**	werden / wollen Sie nehmen?
junto al mar	am Meer		
lo prepararán	sie werden ihn zubereiten	**blanco/-a**	weiß
		típico/-a	typisch
la carne	Fleisch	**la sangría**	Sangria (span. Rotweinbowle)
qué plato nos recomienda	welches Gericht er uns empfiehlt		
de acuerdo	einverstanden	**tomaríamos vino blanco**	wir würden Weißwein nehmen
¿qué les gustaría?	was hätten Sie gerne?		
		será mejor	wird besser sein
la especialidad	Spezialität	**desearán postre**	wollen Sie einen Nachtisch
la paella	Paella (span. Reisgericht)	**más tarde**	später

20. Stunde

Una gira por Sudamérica 20 A

– ¿Han estado Vds. alguna vez en un país de habla española?

– Prácticamente acabamos de llegar de una gira por Sudamérica. ¿Y Vd.?

– Yo estuve en Chile en 1973. Aquellas vacaciones pasaron para mí como el viento. Poco después de mi viaje hubo la revuelta política. Así que tuve suerte. ¿Dónde han estado Vds.? Me gustaría saber todo sobre el particular.

– Ya verá. Hace exactamente cuatro semanas y tres días salimos de Munich y fuimos a Francfort.

– ¿Por qué fueron allí?

– Sencillamente porque viajamos con una compañía aérea sudamericana que sólo tiene vuelos desde allí.

– Bueno, adelante.

– Bien. De Francfort a Bogotá, donde hicimos escala,

tuvimos un vuelo ideal. De Bogotá a Lima volamos en un abrir y cerrar de ojos. En Lima pasamos cinco días, los primeros del mes pasado. Descansamos un poco del viaje, nos acostumbramos un poco al clima y vimos cosas tan bonitas como el museo del oro o el museo prehistórico.
– ¿Cómo continuaron después, a dónde fueron?
– Continuamos en autobús a Cuzco, donde vimos el mercado indio.
– ¿Les gustó?
– Mucho. Desde Cuzco seguimos en tren a Machupichu. Allí admiramos el genio inca.
– Supongo que verían el lago Titicaca también.
– Vamos por partes. Todavía estamos lejos del lago. En Machupichu tomamos otra vez el tren para ir a Puno, ciudad a orillas del Titicaca. Desde Puno hicimos una excursión a las islas del lago. Algo estupendo.
– ¡Cuánto me gustaría hacer lo mismo!
– Allí nos quedamos tres días. De vuelta a Lima pasamos por Arequipa, ciudad que fundaron los españoles hace siglos. Desde Lima intentamos ir a Ecuador en autobús, pero aquello fue una gran aventura. Lo dejamos por imposible.

Erläuterungen **20 B**

I. Das historische Perfekt (pretérito indefinido)

1. **Das historische Perfekt** antwortet auf die Frage „was geschah?". Es wird in erster Linie gebraucht zur Bezeichnung einer in der Vergangenheit abgeschlossenen Handlung, die nicht mehr auf die Gegenwart wirkt.

Yo **estuve** en Chile **en 1973**.	*1973 war ich in Chile.*
Poco después de mi viaje **hubo** la revuelta política.	*Kurz nach meiner Reise war die politische Revolte.*
En Lima **pasamos** cinco días, los primeros del **mes pasado**.	*In Lima verbrachten wir 5 Tage, die ersten des vergangenen Monats.*
Arequipa es una ciudad que **fundaron** los españoles **hace siglos**.	*Arequipa ist eine Stadt, die die Spanier vor Jahrhunderten gründeten.*

2. Das historische Perfekt wird gebraucht zur Bezeichnung einer in der Vergangenheit abgeschlossenen Handlung, die außerdem von **kurzer Dauer** war.

Hace cuatro semanas **salimos** de Munich.	*Vor vier Wochen sind wir aus München abgereist.*
En Machupichu **tomamos** otra vez el tren.	*In Machupichu haben wir wieder den Zug genommen.*
Desde Lima **intentamos** ir a Ecuador.	*Von Lima aus versuchten wir nach Ecuador zu fahren.*

3. Mit dem historischen Perfekt kann der Sprecher eine Handlung als kurz oder abgeschlossen bezeichnen, die tatsächlich weder kurz noch ganz abgeschlossen war.

Aquellas vacaciones **pasaron** para mí como el viento.	*Jene Ferien vergingen für mich wie der Wind.*
De Bogotá a Lima **llegamos** en un abrir y cerrar de ojos.	*Von Bogotá nach Lima kamen wir in einem Augenblick.*

4. Das historische Perfekt der **regelmäßigen Verben auf -ar, -er, -ir**

esperar *hoffen*	**comprender** *verstehen*	**escribir** *schreiben*
esper**é**	comprend**í**	escrib**í**
esper**aste**	comprend**iste**	escrib**iste**
esper**ó**	comprend**ió**	escrib**ió**
esper**amos**	comprend**imos**	escrib**imos**
esper**asteis**	comprend**isteis**	escrib**isteis**
esper**aron**	comprend**ieron**	escrib**ieron**

5. Die wichtigsten Verben mit **Unregelmäßigkeiten** im historischen Perfekt:

ir	*gehen* + ser *sein*	**fui, fuiste, fue** ...
dar	*geben*	**di, diste, dio** ...
decir	*sagen*	**dije, dijiste, dijo** ...
traer	*bringen*	**traje, trajiste, trajo** ...
andar	*gehen*	**anduve, anduviste, anduvo** ...
caber	*hineinpassen*	**cupe, cupiste, cupo** ...
estar	*sein*	**estuve, estuviste, estuvo** ...
haber	*haben*	**hube, hubiste, hubo** ...

hacer	*machen*	hice, hiciste, hizo ...
poder	*können*	pude, pudiste, pudo ...
poner	*legen*	puse, pusiste, puso ...
querer	*lieben*	quise, quisiste, quiso ...
saber	*wissen*	supe, supiste, supo ...
tener	*haben, halten*	tuve, tuviste, tuvo ...
venir	*kommen*	vine, viniste, vino ...

Unregelmäßigkeiten in der **3. Person Singular** und **Plural**:

conseguir	*erreichen*	conseguí, conseguiste, consiguió ... consiguieron
corregir	*korrigieren*	corregí, corregiste, corrigió ... corrigieron
despedir	*verabschieden*	despedí, despediste, despidió ... despidieron
divertirse	*sich amüsieren*	me divertí, te divertiste, se divirtió ... se divirtieron
elegir	*auswählen*	elegí, elegiste, eligió ... eligieron
impedir	*verhindern*	impedí, impediste, impidió ... impidieron
mentir	*lügen*	mentí, mentiste, mintió ... mintieron
preferir	*vorziehen*	preferí, preferiste, prefirió ... prefirieron
referirse	*sich beziehen*	me referí, te referiste, se refirió ... se refirieron
reír	*lachen*	reí, reiste, rió ... rieron
repetir	*wiederholen*	repetí, repetiste, repitió ... repitieron
seguir	*folgen*	seguí, seguiste, siguió ... siguieron
sentir	*fühlen*	sentí, sentiste, sintió ... sintieron
servir	*dienen*	serví, serviste, sirvió ... sirvieron
vestirse	*sich anziehen*	me vestí, te vestiste, se vistió ... se vistieron
pedir	*verlangen*	pedí, pediste, pidió ... pidieron
dormir	*schlafen*	dormí, dormiste, durmió ... durmieron

Verben auf **-ducir** (traducir *übersetzen*, conducir *fahren* etc.)
traducir *übersetzen*   traduje, tradujiste, tradujo ... tradujeron

Verben auf **-uir** (destruir *vernichten* etc.)

destruir	*vernichten*	destruí, destruíste, destruyó ... destruyeron
caer	*fallen*	caí, caíste, cayó ... cayeron
creer	*glauben*	creí, creíste, creyó ... creyeron
leer	*lesen*	leí, leíste, leyó ... leyeron
oír	*hören*	oí, oíste, oyó ... oyeron
poseer	*besitzen*	poseí, poseíste, poseyó ... poseyeron
proveer	*vorsehen*	proveí, proveíste, proveyó ... proveyeron

6. Das historische Perfekt braucht immer eine der nachstehenden **Zeitangaben** oder einen direkten **Bezug zur Vergangenheit**.

anteayer	vorgestern	el (mes, sábado, fin de semana) **pasado**	
ayer	gestern	*letzte-(n Monat, -n Samstag, -s Wochenende)*	
ayer por la mañana	gestern *morgen*	**hace** (dos días, una semana, un mes etc.) *vor (zwei Tagen, einer Woche, einem Monat etc.)*	
anoche	*gestern abend*		
en el año 19..	*im Jahr 19..*		

II. Verben mit Unregelmäßigkeiten im Präsens

1. **mentir** *lügen*, **referirse** *sich beziehen* sind Verben, die den Stammvokal -e- in -ie- ändern (siehe 7. Stunde).

2. **volar** *fliegen* ist ein Verb, das den Stammvokal -o- in -ue- ändert (siehe 7. Stunde).

3. **conseguir** *erreichen* ist ein Verb, das den Stammvokal -e- in -i- ändert (siehe 11. Stunde).

Übungen 20 C

1. Antworten Sie mit dem historischen Perfekt nach folgendem Muster:

Beispiel: — ¿Han estado Vds. en España? / el año pasado
— Sí, **estuvimos** el año pasado.

¿Han viajado Vds. por Sudamérica? / el año pasado – ¿Han hecho Vds. una gira por el sur? / el mes pasado – ¿Han visto Vds. el museo de arte? / hace una semana – ¿Ha habido una revuelta política? / en 1973 – ¿Ha tenido Vd. vacaciones? / hace tres meses – ¿Le han dicho cómo va la campaña? / anteayer – ¿Ha probado Vd. la paella? / la semana pasada – ¿Ha podido Vd. solo comer una ración? / el pasado fin de semana – ¿Has sabido la noticia antes que yo? / ayer por la mañana – ¿Has pedido el magnetofón a Roberto? / hace dos meses

2. Antworten Sie mit dem historischen Perfekt nach folgendem Muster:

Beispiel: — ¿Ha tenido Vd. suerte esta vez?
— Sí, pero no como **tuve** la otra vez.

¿Han ido Vds. rápidamente allí? – ¿Han hecho muchas escalas? – ¿Han tenido buen vuelo en este viaje? – ¿Ha visto Vd. cosas muy bonitas? – ¿Se han acostumbrado Vds. pronto al clima? – ¿Les ha gustado mucho Sudamérica? – ¿Ha sido el viaje algo estupendo? – ¿Has querido informarte de las noticias? – ¿Se ha divertido Vd. mucho? – ¿Ha traducido Vd. la carta alemana?

3. Beantworten Sie die Fragen nach folgendem Muster:

Beispiel: – ¿Ha estado Vd. este año en América o estuvo el año pasado?
– Ni **he estado** este año ni **estuve** el año pasado.

¿Ha llegado Vd. hoy o llegó ayer de América? – ¿Ha habido ahora una revuelta o la hubo antes? – ¿Has dado aviso a Roberto ahora o se lo diste ayer? – ¿Has ido al cine esta semana o fuiste la otra? – ¿Has venido hoy o viniste ayer? – ¿Ha corregido Vd. hoy la nota o la corrigió ayer? – ¿Ha oído esto hoy o lo oyó ayer? – ¿Habéis despedido a Roberto hoy o le despedisteis ayer? – ¿Habéis mentido ahora o mentisteis la otra vez? – ¿Habéis conseguido la felicidad ahora o la conseguisteis antes?

4. Bilden Sie Fragen nach folgendem Muster:

Beispiel: – Desde allí **seguimos** a Cuzco. / ¿Cómo?
– ¿Y cómo **siguieron**?

Allí conseguimos ver algo más. / ¿qué? – Allí nos divertimos de otra forma. / ¿cómo? – Al día siguiente dormimos en otro hotel. / ¿en qué hotel? – En aquel restaurante nos sirvieron una cosa muy buena. / ¿qué? – En la revuelta murió mucha gente. / ¿cuánta gente? – En el avión me sentí de otra forma. / ¿cómo? – Yo elegí a otro partido. / ¿a qué partido? – Después corregí otra cosa. / ¿qué? – El primer día leí un periódico diferente. / ¿qué periódico? – El segundo día oí una noticia. / ¿qué noticia?

5. Setzen Sie die richtige Form ein:

Hace unos días un caballero (entrar) en un bar, (saludar), (ir) a una mesa, (sentarse) y (pedir) un coñac al camarero. El camarero (decirle) "bien", (servírselo) y el tipo (bebérselo). La escena (repetirse) una y otra vez. – ¿Me trae otro coñac antes de la pelea? – (preguntar) el borracho. – Se lo llevo – (decir) el camarero – si me dice de qué pelea se trata. Pero el borracho no (poder) explicárselo.

Vokabeln   20 D

la gira	Rundreise	la revuelta	Revolte
por Sudamérica	durch Südamerika	político/-a	politisch
el habla	die Sprache	tuve	ich hatte
acabamos de llegar	wir sind soeben angekommen	la suerte	Glück
		me gustaría saber	ich möchte alles
yo estuve	ich war	todo sobre el particular	darüber wissen
pasaron	vergingen		
el viento	Wind	salimos de Munich	wir reisten von München aus
hubo	es gab		

fuimos a Francfort	wir fuhren nach Frankfurt	desde Cuzco	von Cuzco
¿por qué fueron allí?	warum fuhren Sie dorthin?	seguimos en tren a Machupichu	setzten wir unsere Reise mit dem Zug nach Machupichu fort
sencillamente	einfach		
viajamos	wir reisten	allí admiramos	wir bewunderten dort
la compañía aérea	Fluggesellschaft		
sudamericano/-a	südamerikanisch	el genio	Genius / Geist
el vuelo	Flug	inca	Inka-
desde allí	von dort	supongo que verían	ich nehme an, Sie sahen
bueno, adelante	nun gut, weiter / vorwärts		
		el lago	der See
bien	nun gut	vamos por partes	der Reihe nach
de Francfort a Bogotá	von Frankfurt nach Bogota	lejos del lago	weit weg vom See
		tomamos otra vez el tren	wir nahmen noch einmal den Zug
donde hicimos escala	wo wir Zwischenlandung hatten	la orilla	Ufer
		la excursión	Ausflug
tuvimos	wir hatten	la isla	Insel
volamos en un abrir y cerrar de ojos	wir flogen in einem Augenblick	estupendo/-a	herrlich
		¡cuánto me gustaría hacer!	wie gerne möchte ich machen
en Lima pasamos cinco días	in Lima verbrachten wir fünf Tage		
		lo mismo	dasselbe
los primeros del mes pasado	die ersten des vergangenen Monats	allí nos quedamos	dort blieben wir
		de vuelta a Lima	auf der Rückfahrt nach Lima
descansamos un poco del viaje	wir ruhten uns ein wenig von der Reise aus		
		pasamos por	fuhren wir durch
		ciudad que fundaron los españoles	Stadt, die die Spanier gründeten
nos acostumbramos al clima	wir gewöhnten uns an das Klima		
		hace siglos	vor (mehreren) Jahrhunderten
vimos	wir sahen		
bonito/-a	schön	intentamos	wir versuchten
el oro	Gold	aquello fue	das war
prehistórico/-a	prähistorisch	la aventura	Abenteuer
¿cómo continuaron?	wie setzten Sie Ihre Reise fort?	lo dejamos por imposible	wir gaben auf, es war unmöglich
indio/-a	indianisch		
¿les gustó?	gefiel es Ihnen?		

21. Stunde

Pasa lo que pasaba antes   21 A

– Oiga, esto es fabuloso, ¿no? Tranquilo, retirado; tenemos sol, agua, playa...

– En comparación con otros sitios, todavía se está bien aquí. Pero ya no es como era antes. ¡Este turismo! Es verdad que contribuye a la difusión de la cultura y crea lazos de contacto entre los pueblos; es cierto que con los viajes el mundo resulta más pequeño, se reducen las distancias, desaparecen las fronteras. Pero ¿ve Vd. lo que han hecho en toda la costa del Mediterráneo? Han destruído el paisaje y han construído cloacas que contaminan el mar.

– ¿Cree Vd. que tiene la culpa el turismo?

– Directamente el turismo, no, pero sí el complejo que lo promociona, junto con la industria hotelera.

– No, no, no es sólo un mal de ahora. ¿Sabe Vd. lo que faltaba antes en España, lo que falta ahora y lo que faltará siempre? Se lo voy a decir en una palabra: planificación. Y que conste que soy español.

Cuando yo hacía el bachillerato estaba en Valencia. Nosotros íbamos periódicamente a la playa, unos kilómetros al norte del puerto. Allí había pocas construcciones hoteleras, si existía alguna realmente importante. Pero al mar llegaba toda clase de porquería. Por la mañana mientras la marea estaba baja se veía sobre la playa forraje de los campos y huertas e incluso bichos muertos.

– ¿Y no se preocupaba nadie de la situación?

– Sí, lo mismo que ahora, los particulares que tenían un chalet o una residencia veraniega en esta zona.

– Y los demás, ¿no lo veían, no se daban cuenta o lo ignoraban?

– Igual que ahora. Quien tiene intereses creados sólo se preocupa de lo suyo; el que tiene un cargo de interés público no resuelve más que lo críticamente apremiante, sólo se preocupa de las apariencias. En España no se solucionan los problemas más que de forma provisional.

– No me dirá que ahora no se estudian posibles problemas futuros.

– Algunos que se deberían tratar, no. Pasa lo que pasaba antes.

Erläuterungen **21 B**

I. Das Imperfekt

1. Das Imperfekt dient zur Beschreibung von **Vorgängen** und **Zuständen** in der **Vergangenheit**.

Ya no es como **era** antes.   *Es ist nicht mehr so, wie es früher war.*

¿Sabe Vd. lo que **faltaba** antes en España?	*Wissen Sie, was früher in Spanien gefehlt hat?*
Allí **había** pocas construcciones hoteleras.	*Dort gab es wenige Hotelbauten.*

2. Das Imperfekt bezeichnet auch den **Verlauf einer Handlung** in der Vergangenheit.

Mientras la marea **estaba** baja se **veía** forraje sobre la playa.	*Bei Ebbe sah man alle möglichen Dinge am Strand.*
Cuando **hacía** el bachillerato **estaba** en Valencia.	*Als ich das Abitur machte, war ich in Valencia.*

3. Das Imperfekt bezeichnet auch eine **Gewohnheit** oder die **Wiederholung** einer Handlung in der Vergangenheit.

Nosotros **íbamos** periódicamente a la playa.	*Wir gingen regelmäßig an den Strand.*
Al mar **llegaba** toda clase de porquería.	*Jede Art Dreck kam ins Meer.*
¿No se **preocupaba** nadie de la situación?	*Hat sich niemand um diese Situation gekümmert?*
Pasa lo que **pasaba** antes.	*Es geschieht das, was vorher geschehen ist.*

4. Das Imperfekt der **regelmäßigen Verben** auf -ar, -er und -ir.

esperar *hoffen*	**comprender** *verstehen*	**escribir** *schreiben*
esper**aba**	comprend**ía**	escrib**ía**
esper**abas**	comprend**ías**	escrib**ías**
esper**aba**	comprend**ía**	escrib**ía**
esper**ábamos**	comprend**íamos**	escrib**íamos**
esper**abais**	comprend**íais**	escrib**íais**
esper**aban**	comprend**ían**	escrib**ían**

Alle Endungen der Verben auf **-er** und **-ir** haben einen **Akzent** auf dem **-i-**.

5. Die **einzigen Verben** mit **Unregelmäßigkeiten** im Imperfekt:

ir *gehen:* iba, ibas, iba, íbamos, ibais, iban
ser *sein:* era, eras, era, éramos, erais, eran
ver *sehen:* veía, veías, veía, veíamos, veíais, veían

II. Das Plusquamperfekt

Das Plusquamperfekt dient zur Bezeichnung von Handlungen, die schon abgeschlossen waren, als andere Ereignisse, ebenfalls in der Vergangenheit, eintraten.

Es wird gebildet aus dem **Imperfekt von haber** + **Partizip** des jeweiligen Verbs, das in diesem Zusammenhang unveränderlich ist.

Cuando llegué a casa **había llegado** mi amigo. *Als ich nach Hause kam, war mein Freund schon angekommen.*

III. Verben mit Unregelmäßigkeiten im Präsens

1. **contribuir** *beitragen*, **construir** *konstruieren*, **destruir** *zerstören* gehören zu den Verben auf **-ir**, die in der 1., 2. und 3. Person Singular und in der 3. Person Plural das **-i-** durch ein **-y-** ersetzen.

destruir *zerstören*
destruyo, destruyes, destruye, destruimos, destruís, destruyen

2. **desaparecer** *verschwinden*, **reducir** *verringern* sind Verben, die in der 1. Person Singular das **-c-** durch ein **-zc-** ersetzen (siehe 10. Stunde).

Übungen 21 C

1. Antworten Sie nach folgendem Muster:

Beispiel: – Aquí se está bien, ¿verdad? / cómo
– Pero ¿sabe Vd. cómo se **estaba** antes?

Esto es fabuloso, ¿no? / cómo – El turismo tiene la culpa, ¿verdad? / quién – Ahora falta planificación, ¿verdad? / qué – Aquí no hay hoteles, ¿verdad? / dónde – Ahora pasan muchas cosas, ¿no? / qué – Ya no le interesa eso, ¿verdad? / cuándo – Ahora ya no merece la pena, ¿verdad? / cuándo – La política de este partido no está bien definida, ¿verdad? / cuándo – Ahora no se vive bien, ¿verdad? / cómo – Desde aquí se ve el mar, ¿no? / desde dónde

2. Stellen Sie sich vor, daß jemand Sie wie im Beispiel fragt. Antworten Sie mit dem Imperfekt.

Beispiel: – Ahora estoy aquí. Ahora trabajo.
– ¿Y en Valencia, no?
– Cuando **estaba** en Valencia también **trabajaba**.

– La marea está baja. Se ve la porquería. – ¿Y mientras no estaba baja, no? – No hay gente. Se está bien. – ¿Y cuando había gente, no? – Hay sol. Hace calor. – ¿Y mientras no había sol, no? – Estoy aquí. Tengo suerte. – ¿Y cuando no estaba aquí, no? – Ahora conozco bien Sudamérica. Me gusta mucho. – ¿Y cuando no la conocía bien, no? – Este restaurante tiene otro jefe. Preparan buenas cosas. – ¿Y cuando no tenían este jefe, no? – Falta poco para las elecciones. Me interesa la campaña. – ¿Y cuando faltaba más tiempo, no? – Ya conocemos este partido. No merece la pena votarle. – ¿Y cuando no le conocíamos, sí? – Los políticos están en plena campaña electoral. Me producen risa. – ¿Y cuando no estaban, no? – Tengo problemas y se me ocurren ideas. – ¿Y mientras no los tenías, no?

3. Setzen Sie die richtige Form ein:

En mis últimas vacaciones conocí a un señor que entraba cada día en un bar, (saludar), (ir) a una mesa, (sentarse) y (preguntar) al camarero:
– ¿Puede darme un coñac doble, por favor?
El camarero (llevárselo). El (bebérselo) de un trago y (volver) a dirigirse al camarero:
– Otro coñac doble.
El camarero (servírselo) y el tipo (volver) a bebérselo de la misma forma que el primero. La escena (repetirse) una y otra vez. El tipo (beberse) 15 coñacs en forma consecutiva cada día. Después del coñac número quince (encontrarse) siempre borracho y (echarse) bajo la mesa.

4. Beantworten Sie die Fragen nach folgendem Muster:

Beispiel: – Ahora pasa lo mismo, ¿no?
– No, no, yo también **creía** que **pasaba** lo mismo.

Tiene la culpa el turismo, ¿verdad? – Es un mal de ahora, ¿no? – Allí hay muchos hoteles, ¿verdad? – Desde aquí se ve el mar, ¿no? – Ellos se preocupan sólo de lo suyo, ¿no? – En España se solucionan los problemas de forma provisional, ¿no? – Puno está lejos del Titicaca, ¿verdad? – De Lima se puede ir a Ecuador en tren, ¿no? – La paella le gusta mucho a la señora, ¿no? – La especialidad de la casa es el pescado, ¿verdad?

5. Antworten Sie mit historischem Perfekt und Plusquamperfekt nach folgendem Muster:

Beispiel: – ¿Quién llegó primero a casa ayer, tú o tu amigo?
– Cuando yo **llegué** ya **había llegado** él.

¿Qué hizo Vd. antes, esto o lo otro? – ¿Volaron antes a Lima o a Bogotá?

– ¿Continuaron el viaje o descansaron Vds.? – ¿Qué vieron antes, el museo del oro o el museo prehistórico? – ¿Salieron de Puno sin ver el lago Titicaca? – ¿Volvieron a Lima sin pasar por Arequipa? – ¿Comieron Vds. paella y no comieron entremeses? – ¿Hizo Vd. ayer las fotocopias y no tradujo la carta? – ¿Llamó Vd. ayer por teléfono y no reservó mi billete? – ¿Cómo, diste tu voto y después leíste el periódico?

Vokabeln 21 D

fabuloso/-a	fabelhaft
tranquilo/-a	ruhig
retirado/-a	abgelegen
el sol	Sonne
en comparación con	in Vergleich zu
el sitio	Stelle / Platz, Ort
todavía se está bien aquí	hier fühlt man sich noch wohl
ya no es como era antes	es ist nicht mehr, wie es früher war
es verdad que	es stimmt, daß
contribuye a	er trägt bei zu …
la difusión	Verbreitung
la cultura	Kultur
crear	schaffen
el lazo de contacto	Band der Verbindung
el pueblo	Volk
cierto	wahr, richtig
el mundo	Welt
resulta	wird
se reducen las distancias	die Entfernungen werden kleiner
desaparecen las fronteras	die Grenzen verschwinden
el Mediterráneo	Mittelmeer
han destruído	man hat zerstört
el paisaje	Landschaft
han construído	man hat gebaut / geschaffen
la cloaca	Kloake
que contaminan	die verschmutzen
la culpa	Schuld
directamente	direkt
el complejo	das Ganze
que lo promociona	das ihn fördert
junto con	zusammen mit
la industria	Industrie
hotelero/-a	Hotel-
el mal	Übel
¿sabe Vd. lo que faltaba antes?	wissen Sie, was früher fehlte?
la planificación	Planung
y que conste que	und es sei festgestellt, daß
cuando yo hacía el bachillerato	als ich machte Abitur
estaba en Valencia	ich war in Valencia
nosotros íbamos	wir gingen
periódicamente	regelmäßig
el puerto	Hafen
allí había	dort gab es
la construcción	Gebäude / Anlage
si existía alguna	wenn es überhaupt eine gab
pero al mar llegaba	aber zum Meer kam
toda clase de porquería	jede Art von Dreck
mientras la marea estaba baja	während der Ebbe
se veía sobre la playa	man sah auf dem Strand
el forraje	die verschiedenartigsten Dinge
el campo	Feld
la huerta	Nutzgarten
e incluso	und sogar
los bichos	Viehzeug
muerto/-a	tot
¿y no se preocupaba nadie de la situación?	kümmerte sich niemand um den Zustand?
el particular	Privatperson
que tenían	die hatten
el chalet	Landhaus
la residencia	Aufenthaltsort
veraniego/-a	Sommer-
la zona	Zone
los demás	die anderen
¿no lo veían?	sahen sie das nicht?
¿no se daban cuenta?	merkten sie das nicht?
¿o lo ignoraban?	oder wußten sie das nicht?
los intereses creados	Interessenverflechtung
el cargo de interés público	öffentliches Amt

críticamente	kritisch	posibles problemas futuros	mögliche / eventuelle zukünftige Probleme
apremiante	dringend		
a apariencias	äußerer Schein	se deberían tratar	man müßte behandeln
no más que	nur		
de forma provisional	provisorisch		

22. Stunde

Otro canario que pasó el siglo de edad   22 A

– Oiga, ¿verdad que ya quedan pocos como yo?

Así me preguntó el hombre que el pasado día 19 celebró su 104 aniversario, Don Pedro Reyes Alonso. Su fecha de nacimiento comprobada corresponde a la del 19 de diciembre de 1875. Desde entonces han pasado 104 años. ¿Cuántas personas como Don Pedro Reyes pueden presumir de haber dejado atrás un siglo?

– ¿Fuma o bebe?

– Ni fumo ni bebo. Alguna que otra vez me tomo una copita. En 104 años que tengo sólo he cogido una gran borrachera que me duró veinticuatro horas. ¡Nunca más he vuelto a coger otra!

– ¿Ha tenido problemas con la salud?

– Me operaron de apendicitis cuando tenía 85 años. Me dio el dolor mientras plantaba patatas. Sepa usted que hasta los noventa y un años estuve trabajando en la agricultura.

Don Pedro Reyes nos habla de su juventud.

– Me casé el mismo día que mi cuñada. Como el marido de ella era rico no me quería mi suegra. Estuvimos casados durante setenta y un años y puedo decirle que fui muy feliz.

– ¿Recuerda cuándo hizo el servicio militar?

– Me escapé a Cuba para no hacerlo. Allí estuve en dos ocasiones. Cuando empezó la guerra del noventa y ocho yo estaba allí. Tenía entonces veintitrés años. Recuerdo que me detuvieron y querían matarme. En aquella época llevaban a la gente a un lugar retirado y los tiraban allí. Eso iban a hacer conmigo, cuando un amigo me salvó la vida hablando con el comandante. A cambio – porque yo tenía una vaquería – me quitaron cinco vacas y un caballo, pero pude volver a Canarias.

Erläuterungen **22 B**

Historisches Perfekt und Imperfekt

1. Das Historische Perfekt bezeichnet eine **in der Vergangenheit abgeschlossene Handlung**. Beim Imperfekt muß die Handlung **nicht unbedingt abgeschlossen** sein.

Hasta los noventa y tres años **trabajé** en la agricultura.	*Bis zu meinem 93. Lebensjahr arbeitete ich in der Landwirtschaft.*
Mi suegra no me **quería** y no sé si ahora me quiere.	*Meine Schwiegermutter mochte mich nicht, und ich weiß nicht, ob sie mich jetzt mag.*
Estuvimos casados durante setenta y un años.	*Wir waren 71 Jahre verheiratet.*
Querían matarme pero un amigo me **salvó** la vida.	*Sie wollten mich töten, aber ein Freund rettete mir das Leben.*
Ayer **tuve** que trabajar mucho.	*Gestern mußte ich viel arbeiten.*
Ayer **tenía** que trabajar mucho, pero no **trabajé** nada.	*Gestern hatte ich viel zu arbeiten, aber ich habe nichts gearbeitet.*

2. Durch das **Historische Perfekt** kann auch die **kurze Dauer** einer Handlung in der Vergangenheit ausgedrückt werden, während das **Imperfekt** eher eine **fortlaufende Handlung** bezeichnet.

Me **operaron** de apendicitis cuando **tenía** 85 años.	*Ich wurde am Blinddarm operiert als ich 85 Jahre alt war.*
El dolor de apendicitis me **dio** mientras **plantaba** patatas.	*Der Blinddarmschmerz überkam mich, während ich gerade Kartoffeln pflanzte.*
Cuando **empezó** la guerra del noventa y ocho yo **estaba** allí.	*Als der 98er Krieg begann, war ich gerade dort.*
Tenía veintitrés años cuando **empezó** la guerra.	*Ich war 23 Jahre alt als der Krieg begann.*

3. Das **Historische Perfekt** braucht immer einen **Bezug zur Vergangenheit** durch Wörter wie **ayer** *gestern*, **el mes pasado** *letzten Monat* etc.

Das **Imperfekt** kann auch im **Präsens** angewendet werden, meist im Zusammenhang mit Verben wie **creer** *glauben*, **pensar** *denken*, **querer** *gerne wollen* etc.

– ¿Qué hace Vd.? – Nada, en este momento **quería** descansar.
– *Was machen Sie? – Nichts, im Augenblick wollte ich gerade ausruhen.*

Ahora pasa lo mismo. Pero yo **creía** que no **pasaba** lo mismo.
Jetzt passiert das gleiche. Aber ich dachte, daß nicht das gleiche passieren würde.

– ¿Qué haces, en qué piensas? – **Pensaba** en mi trabajo.
– *Was tust Du? Woran denkst Du? – Ich dachte an meine Arbeit.*

– ¿A dónde vas? – **Iba** a casa, pero si quieres vamos al cine.
– *Wohin gehst Du? – Ich wollte nach Hause gehen, aber wenn Du willst, gehen wir ins Kino.*

Übungen

22 C

1. Setzen Sie die richtige Form ein:

Cuando (empezar) la guerra del noventa y ocho Don Pedro Reyes (estar) en Cuba. (Tener) entonces veintitrés años. El recuerda que alguien (detenerle) y (querer) matarle. En aquella época (llevar) a la gente a un lugar retirado y (tirarlos) allí. Eso (ir) a hacer con él, cuando unos amigos (salvarle) la vida. A cambio – porque él (tener) una vaquería – (quitarle) cinco vacas y un caballo, pero Don Pedro Reyes (poder) volver a Canarias.

2. Beantworten Sie die Fragen nach folgendem Muster:

Beispiel: – ¿Le **han operado** de apendicitis? / tener 85 años
– Sí, me **operaron** cuando **tenía** 85 años.

¿Ha cogido Vd. alguna borrachera? / tener 25 años – ¿Le ha dado alguna vez dolor de apendicitis? / plantar patatas – ¿Ha tenido alguna vez una vaquería? / estar en Cuba – ¿Le han quitado alguna vez una vaca? / tener una vaquería – ¿Le han detenido alguna vez? / estar en Cuba – ¿Le han salvado alguna vez la vida? / querer matarme en Cuba – ¿Ha estado Vd. alguna vez en Valencia? / hacer bachillerato – ¿Ha visto Vd. la porquería del mar? / ir a la playa – ¿Han descansado Vds. en alguna ciudad? / hacer vacaciones en Perú – ¿Han probado Vds. la paella? / comer en aquel restaurante.

3. Beantworten Sie die Fragen nach folgendem Muster:

Beispiel: – Ahora pasa lo mismo.
– Yo **pensaba** que no **pasaba** lo mismo.

Quedan pocos como Vd. – Este señor ni fuma ni bebe. – El se recuerda muy bien. – Su suegra no le quería. – Me quieren matar. – Esto e, fabuloso. – Desde aquí se ve la playa. – Este señor cree esto. – Estos señores tienen mucha suerte. – Este señor sabe muchas cosas.

4. Beantworten Sie die Fragen nach folgendem Muster:

Beispiel: – ¿A dónde vas? / un bar, otra parte
– Yo **iba** para un bar, pero si quieres vamos a otra parte.

¿Qué haces? / esto, otra cosa – ¿De qué hablas? / de este tema, de otro tema – ¿Qué estudias? / esto, otra cosa – ¿Qué preguntas? / esto, lo otro – ¿Qué ves ahora? / este modelo, el otro – ¿Qué pides? / paella, pescado – ¿A qué juegas? / al tenis, a otra cosa – ¿Qué tomas? / chorizo, mariscos – ¿Qué bebes, vino o coñac? / vino, coñac – ¿Cuándo empiezas, ahora o más tarde? / ahora, más tarde

5. Setzen Sie die richtige Form ein:

Un día un buen señor que (vivir) en las montañas (pensar) ir a la población que (estar) cerca. Así que (tomar) el autobús. Pero no (encontrar) a sus amigos en casa. Por este motivo (decidir) ir a un bar. Mientras (ir) para el bar (ver) un cine a poca distancia y (cambiar) de opinión. (Llegar) a la ventanilla y (pedir) una entrada como es normal, pero no (entenderse) muy bien con la empleada.
– Señorita, quisiera una entrada, por favor, (decir) él.
– ¿Cómo la quiere Vd.? – (preguntar) la empleada.
El buen hombre (señalar) a una de las entradas, (preguntar) cuánto (valer), (pagarla), (tomarla) y (ir) a la puerta de la sala de cine.

Vokabeln 22 D

canario/-a	von den Kanarischen Inseln	la fecha de nacimiento	Geburtsdatum
pasó el siglo de edad	wurde hundert Jahre alt	comprobado/-a	bestätigt
el pasado día 19	am vergangenen 19. dieses Monats	corresponde a la del 19 de diciembre de 1875	ist der 19. Dezember 1875
celebró su 104 aniversario	feierte seinen 104. Geburtstag	desde entonces	seitdem
Don	Don / Herr (vor dem Taufnamen, respektvolle Anrede)	presumir de haber dejado atrás	sich rühmen, überschritten zu haben / hinter sich gelassen zu haben
		¿fuma?	rauchen Sie?

alguna que otra vez	ab und zu	estuvimos casados	wir waren verheiratet
la copita	Gläschen	el servicio militar	Militärdienst
sólo he cogido una gran borrachera que me duró veinticuatro horas	nur einmal war ich ganz betrunken was 24 Stunden lang andauerte	me escapé a Cuba	ich flüchtete nach Cuba
		en dos ocasiones	zweimal
		la guerra	Krieg
nunca más he vuelto a coger otra	nie wieder bin ich betrunken gewesen	me detuvieron	ich wurde festgenommen
		querían matarme	sie wollten mich töten
la salud	Gesundheit		
me operaron de apendicitis	ich wurde am Blinddarm operiert	en aquella época	damals, zu jener Zeit
		llevaban a la gente	sie brachten die Leute
cuando tenía 85 años	als ich 85 Jahre alt war	y los tiraban allí	und man warf sie dort hin
me dio el dolor	ich fühlte den Schmerz	eso iban a hacer conmigo	das wollten sie mit mir machen
mientras plantaba patatas	während ich Kartoffeln pflanzte	me salvó la vida hablando con	er rettete mir das Leben, indem er sprach mit
sepa Vd.	Sie sollen wissen		
estuve trabajando	ich arbeitete	el comandante	Kommandant / Führer
la agricultura	Landwirtschaft		
la juventud	Jugend	a cambio	hingegen
me casé el mismo día	ich heiratete am selben Tag	la vaquería	Kuhstall
		me quitaron	sie nahmen mir weg
la cuñada	Schwägerin		
como el marido de ella era rico	da ihr Mann reich war	la vaca	Kuh
		el caballo	Pferd
no me quería	liebte mich nicht		
la suegra	Schwiegermutter		

23. Stunde

Buscando un libro 23 A

– Buenos días, señora. ¿Puedo ayudarla en algo?
– Estoy buscando un libro para regalárselo a mi hija.
– ¿Qué clase de libro le interesa más?
– No estoy segura. Pero me gustaría algo útil.
– Entonces, ¿qué le parece un álbum para fotos o un atlas? Este atlas está vendiéndose mucho. El primer suministro se agotó enseguida y ya se está agotando el segundo. El atlas tiene mapas de todos los países del mundo. Contiene secciones especiales sobre el clima,

animales y plantas. Vd. puede ir mirándolo mientras yo le busco otra cosa.

– No, creo que no. En realidad mi hija quería venir conmigo para escoger ella misma. Pero yo quiero darle una sorpresa. Pero, ¿qué otra cosa puede sugerirme? Mi hija está yendo a la escuela todavía y, gustándole los libros, seguro que estudia con más interés. Estando en el sexto curso no aprobó la historia en el primer examen trimestral, y, habiéndole comprado un libro con muchas ilustraciones, obtuvo una buena nota en el examen final. Este año ha tenido y sigue teniendo alguna dificultad con el inglés.

– Entonces ¿qué le parece un diccionario o un método de inglés? Aquí tenemos un método excelente, con libro y cintas magnetofónicas. La mayoría de los estudiantes de inglés usa este método. Hay también otro similar y un poco más pequeño, pero no está vendiéndose tanto como éste.

– Me gustaría ver los dos. ¿Cuánto cuesta cada uno de ellos?

– Ambos puedo ofrecérselos al mismo precio.

– Me gustaría ver y comparar los dos. Pero, dejándomelos Vd. al mismo precio y prefiriendo la gente el primero, creo que voy a comprar el primero.

– Hace bien. Vd. tiene razón, a mí también me gusta más el primero.

Erläuterungen **23 B**

I. Das Gerundium

1. Das Gerundium ist **unveränderlich**. Es wird gebildet durch Anhängen der Endungen **-ando** bzw. **-iendo** an den Stamm des Verbs.

esper**ar**	*warten*	esper**ando**
comprend**er**	*verstehen*	comprend**iendo**
escrib**ir**	*schreiben*	escrib**iendo**

2. Die Verben auf **-ar** haben **immer** ein **regelmäßiges** Gerundium (-ando).

Unregelmäßige Bildung des Gerundiums bei Verben mit Stammvokal **-e-**:

pedir	*verlangen*	pidiendo
conseguir	*erreichen*	consiguiendo
corregir	*korrigieren*	corrigiendo
decir	*sagen*	diciendo
despedir	*verabschieden*	despidiendo
divertirse	*s. amüsieren*	divirtiéndose
elegir	*auswählen*	eligiendo
impedir	*hindern*	impidiendo
mentir	*lügen*	mintiendo
preferir	*vorziehen*	prefiriendo
referirse	*s. beziehen*	refiriéndose
reír	*lachen*	riendo
repetir	*wiederholen*	repitiendo
seguir	*folgen*	siguiendo
servir	*dienen*	sirviendo
sentir	*fühlen*	sintiendo
vestirse	*s. anziehen*	vistiéndose

Unregelmäßige Bildung des Gerundiums bei Verben mit Stammvokal **-o-**:

dormir	*schlafen*	durmiendo
morir	*sterben*	muriendo
poder	*können*	pudiendo

Unregelmäßige Bildung des Gerundiums, wenn der **Stamm** eines Verbs auf **Vokal** endet:

leer	*lesen*	leyendo
caer	*fallen*	cayendo
creer	*glauben*	creyendo
ir	*gehen*	yendo
oír	*hören*	oyendo
poseer	*besitzen*	poseyendo
proveer	*versehen mit*	proveyendo
traer	*bringen*	trayendo

3. Das Gerundium steht **anstelle eines deutschen Nebensatzes**, der mit Konjunktionen wie *indem, da, weil, wenn, als, während* eingeleitet wird, wobei Hauptsatz und Gerundium das **gleiche Subjekt** haben. Es bringt die enge Zusammengehörigkeit oder Gleichzeitigkeit beider Handlungen zum Ausdruck.

Gustándole los libros seguro que estudia con más interés.	*Da sie Bücher gerne mag, studiert sie jetzt sicher mit größerem Interesse.*
Estando en el sexto curso no aprobó la historia.	*Als sie im sechsten Schuljahr war, ist sie in Geschichte durchgefallen.*
Prefiriendo la gente el primero creo que voy a comprarlo.	*Nachdem die Leute den ersten vorziehen, glaube ich, daß ich ihn auch kaufen werde.*

4. Ist das Subjekt des Gerundiums **nicht** zugleich **Subjekt** des Hauptsatzes, so muß es ausgedrückt und dem Gerundium **nachgestellt** werden.

Gustándole los libros seguro que estudia más.	*Da sie Bücher gerne mag, studiert sie sicher mehr.*
Usted puede ir **mirándolo** mientras **yo** le busco otra cosa.	*Sie können sich weiter umsehen, während ich Ihnen etwas anderes suche.*
Prefiriendo la gente el primero creo que voy a comprarlo.	*Nachdem die Leute den ersten vorziehen, glaube ich, daß ich ihn auch kaufen werde.*

5. In Verbindung mit den Verben **estar, ir, venir, seguir** und **continuar** bezeichnet das Gerundium eine Handlung, die gerade vor sich geht bzw. sich im Stadium des allmählichen Fortschreitens oder Werdens befindet.

Estoy buscando un libro.	*Ich suche gerade ein Buch.*
Vd. puede **ir mirándolo**.	*Sie können sich weiter umsehen.*
Este año ha tenido y **sigue teniendo** alguna dificultad.	*Dieses Jahr hatte sie Schwierigkeiten, und sie hat sie immer noch.*

6. Die unbetonten Personalpronomen werden **direkt an das Gerundium angehängt,** wenn dieses den Nebensatz bildet. Bei Verbalkonstruktionen können sie auch vor dem Hilfsverb stehen.

Gustán**dole** los libros seguro que estudia más.	*Da sie Bücher gerne mag, studiert sie sicher mehr.*
Deján**domelos** Vd. al mismo precio compro el primero.	*Nachdem Sie mir beide zum gleichen Preis überlassen, kaufe ich das erste.*
Este atlas está vendién**dose** mucho.	*Dieser Atlas verkauft sich sehr gut.*
Este atlas **se** está **vendiendo** mucho.	*Dieser Atlas verkauft sich sehr gut.*

7. Das zusammengesetzte Gerundium wird gebildet aus dem **Gerundium** von **haber** und dem **Partizip** des entsprechenden Verbs.

Habiéndole comprado un libro con muchas ilustraciones obtuvo una buena nota.	*Nachdem ich ihr ein Buch mit vielen Illustrationen gekauft hatte, bekam sie eine gute Note.*

II. Verben mit Unregelmäßigkeiten im Präsens

sugerir *vorschlagen* gehört zu den Verben auf **-ir**, die in der 1., 2. und 3. Person Singular und in der 3. Person Plural den Stammvokal **-e-** in **-ie-** ändern (siehe 7. Stunde).

Übungen 23 C

1. Beantworten Sie die Fragen mit dem Gerundium als Verkürzung eines Bedingungssatzes nach folgendem Muster:

Beispiel: – ¿Cómo estudia más su hija, si le gustan o si no le gustan los libros?
– **Gustándole** los libros estudia más.

¿Cómo se vende más un álbum, si es bueno o si es malo? – ¿Cómo se agota antes un atlas, si es práctico o si no lo es? – ¿Cómo aprueba mejor su hija, si va a la escuela o si no va? – ¿Cómo conoce Vd. mejor el libro, si tiene información o si no tiene? – ¿Cómo le gusta más el libro, si viene ella misma o si no viene? – ¿Cómo está ella más contenta, si aprueba o si no aprueba? – ¿Se está bien aquí si comparamos con otros sitios? – ¿Se está bien si hace sol? – ¿Es bueno el turismo si contribuye a la cultura? – ¿Compra Vd. más tranquila si va a tiendas pequeñas?

2. Beantworten Sie die Fragen mit dem Gerundium als Verkürzung eines Temporalsatzes nach folgendem Muster:

Beispiel: – ¿Cuándo estudia más su hija, cuando tiene buenos libros o cuando tiene malos?
– **Teniendo** buenos libros estudia más.

¿Cuándo aprueba mejor, cuando estudia o cuando no estudia? – ¿Se agota antes un atlas cuando contiene secciones especiales? – ¿Le gusta más el empleado cuando sugiere algo? – ¿Se está mejor en la playa cuando hace sol? – ¿Se ven muchas cosas cuando se viaja? – ¿Estaba Vd. en Valencia cuando hacía el bachillerato? – ¿Se veía la porquería cuando la marea estaba baja? – ¿No se preocupaba la gente cuando veía esto? – ¿Pasaron por Arequipa cuando volvieron a Lima? – ¿Cambió el buen hombre de opinión cuando iba para el cine?

3. Beantworten Sie die Fragen mit seguir *und dem Pronomen hinter dem Gerundium nach folgendem Muster:*

Beispiel: – ¿Tiene su hija problemas todavía?
– Sí, **sigue teniéndolos.**

¿Busca Vd. el libro todavía? – ¿Se vende este libro todavía? – ¿Da Vd. a su hija sorpresas todavía? – ¿Le gustan a su hija los libros todavía? – ¿Obtiene su hija buenas notas todavía? – ¿Se usa este método todavía? – ¿Pide la gente estas cintas todavía? – ¿Lee la gente estos libros todavía? – ¿Prefieren los estudiantes este libro todavía? – ¿Cree la gente la propaganda todavía?

4. Beantworten Sie die Fragen mit dem Pronomen vor estar *nach folgendem Muster:*

Beispiel: – ¿Ha mirado Vd. ya el libro?
– No, **lo estoy mirando** ahora.

¿Se ha agotado ya este libro? – ¿Ha escogido Vd. ya el libro? – ¿Le ha comprado Vd. ya un libro a su hija? – ¿Le ha ofrecido el empleado ya los libros? – ¿Le ha traído el empleado ya las cintas? – ¿Ha visto Vd. ya los libros? – ¿Le ha dicho el empleado ya lo que cuestan los libros? – ¿Han pedido Vds. ya la paella al camarero? – ¿Ha corregido Vd. ya la nota? – ¿Ha escrito José ya la carta a Roberto?

5. Wiederholen Sie die Übung 4 mit Pronomen, aber hinter dem Gerundium:

Beispiel: – ¿Ha mirado Vd. ya el libro?
– No, **estoy mirándolo** ahora.

Vokabeln 23 D

buscando un libro	auf der Suche nach einem Buch	**la hija**	Tochter
¿puedo ayudarla en algo?	kann ich Ihnen helfen?	**¿qué clase de libro le interesa más?**	welche Art Buch interessiert Sie am meisten?
estoy buscando	ich suche gerade	**útil**	nützlich
para regalárselo	um es ihr zu schenken	**el álbum**	Album
		el atlas	Atlas

este atlas está vendiéndose mucho	dieser Atlas wird sehr viel verkauft	**el examen trimestral**	Prüfung Dreimonats-
el suministro	Lieferung	**y, habiéndole comprado**	und, nachdem ich ihr gekauft hatte
se agotó	wurde ausverkauft	**la ilustración**	Illustration
enseguida	sofort	**obtuvo una buena nota**	sie bekam eine gute Note
ya se está agotando	geht zu Ende	**final**	Schluß-
contiene	enthält	**sigue teniendo**	sie hat weiterhin
la sección	Kapitel	**el inglés**	die englische Sprache
el animal	Tier		
la planta	Pflanze	**el diccionario**	Wörterbuch
Vd. puede ir mirándolo	Sie können ihn (in Ruhe) anschauen	**el método**	Methode, Sprachkurs
buscar	suchen	**excelente**	ausgezeichnet
escoger	auswählen	**la cinta magnetofónica**	Tonband
ella misma	sie selbst		
darle una sorpresa	ihr eine Überraschung bereiten	**la mayoría de los estudiantes**	die meisten Studenten
¿qué otra cosa puede sugerirme?	was sonst können Sie mir vorschlagen?	**cada uno**	jeder einzelne
		ambos/-as	beide
mi hija está yendo todavía	meine Tochter geht noch	**al mismo precio**	zum selben Preis
la escuela	Schule	**dejándomelos al mismo precio**	da / wenn Sie sie mir zu demselben Preis überlassen
y, gustándole los libros	und, wenn ihr die Bücher gefallen	**prefiriendo la gente**	da / wenn die Leute vorziehen
estudiar	lernen	**hace bien**	richtig
estando en el sexto curso	als sie im sechsten Schuljahr war	**Vd. tiene razón**	Sie haben Recht
no aprobó la historia	sie bestand die Prüfung in Geschichte nicht		

24. Stunde

Espero que le guste 24 A

– Vamos a ver. ¿Qué desea Vd.?

– Deseo que me dé información sobre pisos de alquiler. Quiero alquilar uno. Una amiga mía me ha recomendado venir aquí. Ella tiene mucha confianza en su firma.

– Me alegro de que diga eso y espero que no se vaya decepcionada. ¿Lo quiere Vd. para mucho tiempo?

– Para seis meses. De enero a junio inclusive.

– Vd. lo ha dejado para un poco tarde.

– No creía necesario preguntar antes. Este piso que tengo aquí podría convenirme.

– ¿El que está señalando Vd.? Ese piso está en un barrio distinguido.

– Me gustaría verlo, si está libre todavía. Es necesario que el piso tenga dos habitaciones dobles y dos individuales.
– No, entonces lamento que tenga sólo dos habitaciones dobles. Pero quiero que vea otro cuya situación es ideal. Este piso está en un bloque muy grande con jardines alrededor.
– No, a mi marido no le gusta que los niños vivan en un bloque grande. Es poco personal, dice él.
– Entonces es natural que no le guste. Es lógico que busque otra cosa. Pero aquí tenemos otro. Es muy amplio y espero que le guste. El alquiler es bajo. Si le interesa puedo acompañarla a que lo vea, para que se forme una idea de lo que es un piso ideal, pues para Vd. es preciso que el piso sea grande, que tenga dos habitaciones dobles y dos individuales y que sea personal.
– ¿Y dónde está situado?
– Es una lástima que esté un poco lejos.
– No, tampoco nos conviene. Señor, espero que no me considere demasiado exigente.
– Y yo espero que Vd. tenga más suerte y encuentre lo que desea.

Erläuterungen 24 B

Präsens Konjunktiv

1. Abgesehen von formelhaften Wendungen wird der **Präsens Konjunktiv nur in Nebensätzen** verwendet.

Deseo que me **dé** información.	*Ich möchte, daß Sie mir Informationen geben.*
Me alegra que **diga** eso.	*Es freut mich, daß Sie das sagen.*
Es lógico que **busque** otra cosa.	*Es ist logisch, daß Sie etwas anderes suchen.*
Puedo acompañarla a que lo **vea**.	*Ich kann Sie begleiten, damit Sie es sehen.*

2. Der Konjunktiv steht nach der Konjunktion **que** nach Verben, die einen **Wunsch** oder eine **Willensäußerung** ausdrücken.

Deseo **que** me **dé** información.	*Ich möchte, daß Sie mir Informationen geben.*
Quiero **que vea** otro.	*Ich möchte, daß Sie noch einen anderen sehen.*

3. Er steht auch nach Verben, die **persönliche Gefühle**, einen stillen **Wunsch**, **Applaus** oder **Vorwurf** enthalten.

Me alegro que **diga** eso.	*Es freut mich, daß Sie das sagen.*
Espero que no se **vaya** decepcionada.	*Ich hoffe, daß Sie nicht enttäuscht sind.*
Lamento que **tenga** sólo dos habitaciones.	*Es tut mir leid, daß sie nur zwei Zimmer hat.*

4. Er steht nach **unpersönlichen Ausdrücken**, die denen einer Willensäußerung oder eines persönlichen Gefühls gleichkommen und schon besagen, daß etwas zweifelhaft oder unsicher ist.

Es necesario que el piso tenga dos habitaciones.	*Es ist notwendig, daß die Wohnung zwei Zimmer hat.*
Es preciso que el piso sea grande.	*Es ist nötig, daß die Wohnung groß ist.*
Es natural que no le guste.	*Es ist natürlich, daß es Ihnen nicht gefällt.*
Es lógico que busque otra cosa.	*Es ist logisch, daß Sie etwas anderes suchen.*

5. Er steht nach bestimmten Konjunktionen wie **antes que** *bevor*, **sin que** *ohne daß*, **para que** *damit*, **caso que** *falls*, **si** *wenn*, **como si** *als ob*.

Puedo acompañarla **a que** lo vea, **para que** se forme una idea.	*Ich kann Sie begleiten, damit Sie es sehen und damit Sie sich ein Bild machen.*

6. Die Bildung des Präsens Konjunktiv bei **regelmäßigen Verben**.

esperar *hoffen*	**comprender** *verstehen*	**escribir** *schreiben*
espere	comprenda	escriba
esperes	comprendas	escribas
espere	comprenda	escriba
esperemos	comprendamos	escribamos
esperéis	comprendáis	escribáis
esperen	comprendan	escriban

Übungen

24 C

1. Beantworten Sie die Fragen nach folgendem Muster:

Beispiel: – ¿Me **gustará** el piso?
– **Espero** que le **guste**.

¿Me darán información allí? – ¿Le acompañarán al piso? – ¿Le interesará éste? – ¿Se formará ella una buena idea? – ¿La considerará el empleado demasiado exigente? – ¿Ayudará el empleado a la señora? – ¿Se agotará pronto este atlas? – ¿Se venderá mucho este mapa? – ¿Creerá la señora al empleado? – ¿Estudiará más su hija?

2. Beantworten Sie die Fragen nach folgendem Muster:

Beispiel: – ¿Debe **ser** grande el piso?
– Mi marido **quiere** que **sea** grande.

¿Debe ser amplio? – ¿Debe Vd. formarse una idea? – ¿Debe estar el piso en un bloque pequeño? – ¿Debe Vd. buscar un piso ideal? – ¿Debe comprar un libro práctico? – ¿Debe comparar Vd. los libros? – ¿Debe Vd. celebrar el cumpleaños? – ¿Debe Vd. trabajar? – ¿Debe hablar con el director? – ¿Debe preocuparse de la situación?

3. Beantworten Sie die Fragen nach folgendem Muster:

Beispiel: – Aquí **se está** bien, ¿verdad?
– Sí, y **me alegro** de que **se esté** bien.

A mi marido le interesa otra cosa, ¿no? – El empleado no la considera demasiado exigente, ¿verdad? – Los niños desean un piso grande, ¿no? – Este señor presume de sus años, ¿verdad? – A este señor le operan de apendicitis, ¿no? – El turismo crea lazos de contacto, ¿no? – Con el turismo resulta el mundo más pequeño, ¿verdad? – Aquí existen pocas construcciones hoteleras, ¿no? – La gente se preocupa mucho, ¿no? – La gente se da cuenta del problema, ¿verdad?

4. Beantworten Sie die Fragen nach folgendem Muster:

Beispiel: – ¿Cuándo **pregunta**?
– **Es necesario** que **pregunte** ahora.

¿Cuándo alquila el piso? – ¿Cuándo estudian el problema? – ¿Cuándo se solucionan los problemas? – ¿Cuándo se tratan los problemas? – ¿Cuándo van a viajar? – ¿Van a volar con una compañía sudamericana? – ¿Van a descansar ahora? – ¿Intentan ir a Ecuador ahora? – ¿Dejan la idea ahora? – ¿Toman el postre ahora?

5. Geben Sie eine Erwiderung nach folgendem Muster:

Beispiel: – Esa oficina **da** información. ¿Vamos allí?
– ¿**Para qué, para que** nos la **dé**?

Esa agencia alquila pisos. ¿Llamamos por teléfono? – El empleado acompaña a la gente. ¿Vamos allí? – Uno se acostumbra mal al clima. ¿Vamos antes? – En ese restaurante preparan buena paella. ¿Vamos allí? – Esa agencia reserva hoteles. ¿Llamamos por teléfono? – Ese partido promete mucho. ¿Le damos nuestro voto? – Mi amigo comenta muchas cosas. ¿Le visitamos? – Roberto responde pronto. ¿Le escribimos? – El caballero explica de qué se trata. ¿Le oímos? – El jefe permite esas cosas. ¿Le preguntamos?

Vokabeln 24 D

espero que le guste	ich hoffe, daß sie Ihnen gefällt	quiero que vea	ich will, daß Sie sehen
deseo que me dé información	ich möchte, daß Sie mich informieren	la situación	Lage
sobre pisos de alquiler	über Mietwohnungen	el bloque	Block
el alquiler	Miete / Mietpreis	el jardín	Garten
alquilar	mieten	alrededor	ringsherum
ella tiene mucha confianza en su firma	sie hat viel Vertrauen in Ihre Firma	no le gusta que los niños vivan	ihm gefällt nicht, daß die Kinder wohnen
me alegro de que diga eso	es freut mich, daß Sie das sagen	personal	persönlich
espero que no se vaya	ich hoffe, daß Sie nicht weggehen	es natural que no le guste	es ist natürlich, daß sie ihm nicht gefällt
decepcionado/-a	enttäuscht	es lógico que busque	es ist logisch, daß Sie suchen
¿para mucho tiempo?	für lange Zeit?	amplio/-a	geräumig
para seis meses	für sechs Monate	el alquiler es bajo	der Mietpreis ist niedrig
inclusive	einschließlich	puedo acompañarla a que lo vea	ich kann Sie begleiten, damit Sie sie sehen
Vd. lo ha dejado	Sie haben es gelassen		
tarde	spät	para que se forme una idea	damit Sie sich eine Vorstellung machen
antes	eher / früher		
podría convenirme	könnte für mich geeignet sein	es preciso que el piso sea	es ist notwendig, daß die Wohnung ist
¿el que está señalando Vd.?	auf die Sie gerade zeigen?	¿dónde está situado?	wo liegt sie?
el barrio	Stadtviertel	es una lástima que esté lejos	es ist schade, daß sie weit weg ist
distinguido/-a	vornehm		
es necesario que el piso tenga	es ist nötig, daß die Wohnung hat	tampoco nos conviene	das paßt uns auch nicht
la habitación	Zimmer	exigente	anspruchsvoll
doble	Doppel-		
individual	Einzel-		
lamento que tenga	ich bedaure, daß sie hat		

25. Stunde

El transporte colectivo 25 A

"El transporte colectivo es una escuela de convivencia, comunicación y solidaridad", ha dicho recientemente el alcalde de Madrid. Es una verdad como un templo, a condición de que se analicen sólo las ventajas, porque también es una escuela de paciente espera, por ejemplo.

¿Y quién va a convencer al acostumbrado ciudadano a que tome el autobús, a que deje su coche, a que salga un poco antes de casa, a que vaya unos metros a pie, ...?

Es posible que muchos deseen e intenten hacerlo, pero dudo que lo hagan. No lo harán sin que les obliguen.

Gracias a las crisis nos hemos enterado de la escasez de petróleo. Y si viene otra crisis y nos anuncia el peligro de la contaminación, de la falta de espacio, de los embotellamientos y de los accidentes, mejor que mejor.

Se trata de que alguien nos avise; si no es así, nadie querrá verlo, antes de que lo sufra. Nadie lo aceptará, aún a riesgo de que después sea demasiado tarde. Es necesario que se diga cuando suceda.

Ahora bien, hay que racionalizar el consumo. Por eso se dirigen las miras hacia el autobús.

Pero mientras que el automóvil resulte más práctico que el autobús, no hay nada que hacer. Mientras sea preciso entrar a empellones, no puede haber convivencia "autobusiana". Mientras haya que pisar a alguien para poner los pies en alguna parte, la solidaridad es una utopía. Para que el automóvil deje de ser necesario, primero habrá que mejorar los transportes colectivos. Así de fácil.

Erläuterungen 25 B

Präsens Konjunktiv, weitere Anwendungen

1. Der Präsens Konjunktiv steht immer, wenn im Nebensatz von etwas **wenig Sicherem** oder **von der Zukunft Abhängigen** die Rede ist.

Es una verdad como un templo, **a condición de que** se **analicen** sólo las ventajas.	*Es ist eine Riesenwahrheit unter der Bedingung, daß man nur die Vorteile analysiert.*
Dudo que lo **hagan.**	*Ich bezweifle, daß sie das tun.*
Nadie querrá verlo **antes de que** lo **sufra.**	*Niemand will es sehen, bevor er es nicht selbst erlebt.*
No lo harán **sin que** les **obliguen.**	*Sie werden es nicht tun, ohne daß man sie dazu zwingt.*
Nadie lo aceptará aún **a riesgo de que** después **sea** demasiado tarde.	*Niemand wird es akzeptieren, wenn auch auf die Gefahr hin, daß es danach zu spät ist.*

2. Er steht nach Wendungen wie **es posible que** *möglicherweise*, **es fácil que** *es ist leicht, daß*, **dudo que** *ich bezweifle, daß* etc., die deutlich eine Ungewißheit zum Ausdruck bringen.

Es posible que muchos **deseen** e intenten hacerlo.	*Möglicherweise möchten oder versuchen viele das zu tun.*
Dudo que lo **hagan.**	*Ich bezweifle, daß sie das tun.*

3. Er steht auch bei Ausdrücken wie **antes de que** *bevor*, **cuando** *wann*, **mientras (que)** *während*, **tan pronto como** *sobald als*, die von der Zukunft abhängige und deshalb ungewisse Aussagen einleiten.

Nadie querrá verlo **antes de que** lo **sufra.**	*Niemand will es sehen, bevor er es selbst erlebt.*
Es necesario que se **diga** cuando suceda.	*Es ist nötig, daß man es sagt, wenn es geschieht.*
Mientras que el automóvil **resulte** más práctico, no hay nada que hacer.	*Solange das Auto praktischer ist, ist nichts zu machen.*

4. In Bedingungssätzen mit Ausdrücken wie **a condición de que** *unter der Bedingung, daß* etc. steht der Konjunktiv. Bei Bedingungssätzen, die mit **si** *wenn, falls* eingeleitet werden steht der **Indikativ**.

Es una verdad como un templo, **a condición de que** se **analicen** sólo las ventajas.	*Es ist eine Riesenwahrheit unter der Bedingung, daß man nur die Vorteile analysiert.*
Si no **es** así, nadie querrá verlo.	*Wenn es nicht so ist, wird niemand es sehen wollen.*
Si viene otra crisis y nos anuncia el peligro, mejor que mejor.	*Wenn eine weitere Krise kommt und uns die Gefahr ankündigt, umso besser.*

5. **Sin que** *ohne daß* und **a riesgo de** *auf die Gefahr hin* verlangen auch den Konjunktiv.

No lo harán **sin que** les **obliguen**. *Sie werden es nicht tun ohne daß man sie dazu zwingt.*

Nadie lo aceptará, aún **a riesgo de que** después **sea** demasiado tarde. *Niemand wird es akzeptieren, wenn auch auf die Gefahr hin, daß es danach zu spät ist.*

6. **Unregelmäßige** Verben im Präsens Konjunktiv.
Im Präsens Konjunktiv zeigen folgende Verben die gleiche Unregelmäßigkeit wie im Präsens Indikativ:

pensar	*denken*	piense, pienses …
adquirir	*erwerben*	adquiera, adquieras …
jugar	*spielen*	juegue, juegues …
recordar	*erinnern*	recuerde, recuerdes …
continuar	*fortfahren*	continúe, continúes …
contribuir	*beitragen*	contribuya, contribuyas …
pedir	*verlangen*	pida, pidas …
conocer	*kennen*	conozca, conozcas …
caber	*hineinpassen*	**quepa, quepas** …
caer	*fallen*	caiga, caigas …
hacer	*machen*	haga, hagas …
poner	*stellen, legen*	ponga, pongas …
salir	*hinausgehen*	salga, salgas …
traer	*bringen*	traiga, traigas …
valer	*wert sein*	valga, valgas …
ver	*sehen*	vea, veas …
decir	*sagen*	diga, digas …
oír	*hören*	oiga, oigas …
tener	*haben*	tenga, tengas …
venir	*kommen*	venga, vengas …

Besondere Unregelmäßigkeiten zeigen folgende Verben:

estar	*sein*	esté, estés …
haber	*haben (Aux.)*	haya, hayas …
ir	*gehen*	**vaya, vayas** …
saber	*wissen*	sepa, sepas …
ser	*sein*	sea, seas …

Übungen 25 C

1. Beantworten Sie die Fragen nach folgendem Muster:

Beispiel: – ¿Es posible **analizar** las ventajas?
– Sí, y **es posible que** muchos las **analicen**.

¿Es posible enterarse? – ¿Es posible comprender la crisis? – ¿Es posible anunciar el peligro? – ¿Es posible aceptar la realidad? – ¿Es posible avisar a la gente? – ¿Es posible racionalizar el consumo? – ¿Es posible dirigir las miras al autobús? – ¿Es posible usar el autobús? – ¿Es posible alquilar un piso en este barrio? – ¿Es posible formarse una idea del piso?

2. Beantworten Sie die Fragen nach folgendem Muster:

Beispiel: – ¿Va a **dejar** la gente su coche?
– **No sé**, pero **dudo** que lo **deje**.

¿Va a salir la gente antes de casa? – ¿Va a intentarlo la gente? – ¿Va a ir la gente unos metros a pie? – ¿Va a venir otra crisis de petróleo? – ¿Va a haber otra crisis de energía? – ¿Va a ver la gente el problema? – ¿Va a decirlo alguien? – ¿Puede haber convivencia en el autobús? – ¿Puede venir su hija con Vd.? – ¿Puede aprobar su hija el curso?

3. Beantworten Sie die Fragen nach folgendem Muster:

Beispiel: – ¿Verá la gente el problema **antes de sufrirlo**?
– No, no lo verá **antes de que** lo **sufra**.

¿Hablará el alcalde antes de estar convencido? – ¿Se preocupará la gente antes de producirse problemas? – ¿Tomará la gente el autobús antes de pedírselo? – ¿Se racionalizará el petróleo antes de acabarse? – ¿Se enterará la gente antes de hablar los periódicos? – ¿Se enterará la gente antes de oír la radio? – ¿Sucederá algo antes de encontrar otra energía? – ¿Pedirá Vd. una paella antes de probarla? – ¿Servirá el camarero la paella antes de traer el vino? – ¿Irá Vd. a la playa antes de hacer calor?

4. Geben Sie eine Erwiderung nach folgendem Muster:

Beispiel: – Muchos **están** convencidos, pero no **dejan** el coche.
– **Si están** convencidos, ya lo **dejarán**.

Muchos conocen el problema, pero no toman el autobús. – Mucha gente habla del problema, pero no se convence de él. – Otros desean hacer algo, pero no lo hacen. – Algunos están de acuerdo, pero no intentan nada. – Mis amigos comentan la crisis, pero no deciden nada. – Mis conocidos leen los periódicos, pero no se enteran. – Los jefes conocen la crisis, pero no anuncian el peligro. – Viene la crisis, pero nadie se prepara. – Hay que entrar a empellones en el autobús, pero no lo solucionan. – Es así, de fácil, pero no se soluciona.

5. Beantworten Sie die Fragen nach folgendem Muster:

Beispiel: – ¿Va alguien a pie **si** no le **obligan**?
– No, **seguro que** no va **sin que** le **obliguen**.

¿Habla el alcalde si no existen problemas? – ¿Llega la gente puntualmente si no toma el autobús? – ¿Va alguien a pie si no sale antes de casa? – ¿Intentan hacer algo si no ven el problema? – ¿Viene otra crisis si no la quiere la gente? – ¿Ve la gente la crisis si no la sufre? – ¿Se producen coches más pequeños si no es necesario? – ¿Le gusta la paella si no la prueba? – ¿Se ríe la gente si no hay motivo? – ¿Cree la gente las cosas si no se repiten?

Vokabeln   25 D

el transporte	Transport
colectivo/-a	kollektiv
la convivencia	Zusammenleben
la comunicación	Kommunikation
la solidaridad	Solidarität
recientemente	neulich
el alcalde	Bürgermeister
la verdad	Wahrheit
el templo	Tempel
a condición de que se analicen	unter der Bedingung, daß man analysiert
la ventaja	Vorteil
paciente	geduldig
la espera	Warten
acostumbrado/-a	gewohnt
el ciudadano	Bürger
¿quién va a convencer ... a que tome?	wer wird überzeugen ..., damit er nimmt?
a que deje su coche	damit er seinen Wagen läßt
a que salga un poco antes de casa	damit er etwas früher von zu Hause weggeht
a que vaya unos metros a pie	damit er ein paar Meter zu Fuß geht
es posible que muchos deseen e intenten	es ist möglich, daß viele möchten und versuchen
dudo que lo hagan	ich zweifle daran, daß sie das tun
no lo harán sin que les obliguen	sie werden das nicht tun, ohne daß man sie zwingt
gracias a las crisis	dank der Krisen
nos hemos enterado de ...	wir haben erfahren von ...
la escasez	Knappheit
el petróleo	Erdöl
si viene otra crisis y nos anuncia	wenn eine andere Krisis kommt und uns ankündigt
el peligro	Gefahr
la falta de espacio	Mangel an Raum
el embotellamiento	Verkehrsstau
el accidente	Unfall
mejor que mejor	umso besser
se trata de que alguien nos avise	es handelt sich darum, daß jemand uns Bescheid sagt
nadie querrá verlo antes de que lo sufra	niemand wird das einsehen wollen, bevor er betroffen wird
nadie lo aceptará, aún a riesgo de que después sea demasiado tarde	niemand wird das zugeben, sogar auf die Gefahr hin, daß es dann zu spät sein wird
es necesario que se diga cuando suceda	es ist nötig, daß man das sagt, wenn es geschieht
racionalizar	rationalisieren

por eso se dirigen las miras hacia	deswegen richtet sich das Augenmerk auf	el pie	Fuß
		en alguna parte	irgendwohin
mientras que el automóvil resulte	so lange das Auto ist	la utopía	Utopie / Wunschtraum
mientras sea preciso entrar a empellones	so lange man Gewalt anwenden muß um einzusteigen	para que el automóvil deje de ser necesario	damit das Auto nicht mehr nötig ist
		primero habrá que mejorar	erst wird man verbessern müssen
"autobusiano/-a"	Autobus-	así de facil	so einfach
mientras haya que pisar a alguien	so lange man jemanden treten muß		

26. Stunde

Si no tuviese tanta prisa 26 A

– Buenas tardes, señor. ¿En qué puedo servirle?

– Buenas tardes. Primeramente quisiera que me dijera si tiene alguna habitación libre en el hotel, con baño o con ducha.

– Lo siento. Habitación simple, no; pero sí un apartamento con dos camas. ¿Para cuánto tiempo lo quiere?

– Perdón, disculpe Vd., pero como si yo mismo lo supiera...

– ¿Ha pasado algo, alguna avería o un accidente?

– Pues verá Vd., yo estaba un poquito cansado de tanto conducir. Quería dejar la autopista, parar en este pueblo y descansar un rato. En una curva un vehículo en dirección contraria se ha desviado demasiado a la izquierda. Por evitarlo, para que no chocara conmigo...

– Entonces, no ha tenido Vd. culpa. Caso fácil, no hay gran problema.

– Acaso, si hubiese tenido testigos; tal vez, si mañana no fuera fin de semana, el taller mecánico hiciera jornada de 8 horas y me arreglara el coche sin pérdida de tiempo; si llevara suficiente dinero conmigo y Vd. pudiera cambiarme el que tengo en marcos y en cheques.

– Yo estoy a su disposición para ayudarle en lo que pueda.

– Muy amable de su parte.

– ¿Qué pudiera y debiera hacer, si no?... Si el dinero

que lleva consigo no bastara, podría Vd. dejar en el hotel un documento de identidad y pagar a la vuelta o bien enviar el dinero por giro. En ese caso, nosotros le mandaríamos su carnet o pasaporte por carta certificada a su domicilio permanente.

– Conforme, pero, aparte de lo que me cobren por la reparación, el mayor inconveniente es la prisa. Si no tuviese tanta prisa...

– La prisa, la prisa; siempre la prisa.

– La causa es que mi señora lleva ya dos semanas con los niños en nuestra casita de la playa. Ella me pidió que llegara cuanto antes y le prometí que llegaría esta noche. Habría cumplido mi palabra, si todo se hubiera desarrollado con normalidad. Bueno, ahora voy a intentar hacerle una llamada telefónica.

– Debería Vd. ... Yo le aconsejaría que le pusiera también un telegrama, por si acaso.

– Tiene Vd. razón. A propósito, ¿dónde está correos?

– Aquí a la izquierda del hotel a la vuelta de la esquina, entre la iglesia y el banco.

– Muchas gracias por todo.

– No hay de qué. Suerte, señor.

Erläuterungen **26 B**

I. Imperfekt Konjunktiv

1. Der Imperfekt des Konjunktiv wird durch **zwei Formen** gebildet (**-ra** und **-se**), die von der 3. Person Plural des historischen Perfekt abgeleitet werden, indem die Endung -ron in -ra oder -se verwandelt wird. Beide Formen stehen gleichberechtigt nebeneinander.

Bildung des Imperfekt Konjunktiv bei regelmäßigen Verben.

esperar *hoffen*		**comprender** *verstehen*		**escribir** *schreiben*	
esperara	-ase	comprendiera	-iese	escribiera	-iese
esperaras	-ases	comprendieras	-ieses	escribieras	-ieses
esperara	-ase	comprendiera	-iese	escribiera	-iese
esperáramos	-ásemos	comprendiéramos	-iésemos	escribiéramos	-iésemos
esperarais	-aseis	comprendierais	-ieseis	escribierais	-ieseis
esperaran	-asen	comprendieran	-iesen	escribieran	-iesen

2. Verben, die im **historischen Perfekt unregelmäßig** sind, weisen die gleichen unregelmäßigen Formen im Imperfekt Konjunktiv auf.

tener *haben*	**ser** *sein*
tuviera	fuera
tuvieras	fueras
tuviera	fuera
tuviéramos	fuéramos
tuvierais	fuerais
tuvieran	fueran

3. Der Imperfekt Konjunktiv steht in **Nebensätzen**, wenn im Hauptsatz das Historische Perfekt, der Indikativ Imperfekt oder der Konditional steht.
   Im Hauptsatz steht nach **si** der **Konjunktiv**, im Gegensatz zum Präsens.

Deseaba que me **diera** información.	*Ich wollte, daß er mir Auskunft gäbe.*
Me alegró que **dijera** eso.	*Ich freute mich, daß er das gesagt hatte.*
Lamentaría que **tuviera** sólo dos habitaciones.	*Es täte mir leid, wenn es nur zwei Zimmer hätte.*
Dudaba que lo **hicieran**.	*Ich bezweifelte, daß sie es tun würden.*
Lo hicieron sin que les **obligaran**.	*Sie taten es, ohne daß man sie dazu gezwungen hätte.*
Si no **fuera** así, nadie querría verlo.	*Wenn es nicht so wäre, würde es niemand sehen wollen.*
Si **hubiera** testigos, no habría problemas.	*Wenn es Zeugen gäbe, gäbe es keine Probleme.*

4. Der Imperfekt Konjunktiv kommt hauptsächlich in Nebensätzen vor. Mit den Verben **deber, haber, poder, querer, tener** und **valer** kann er aber auch im **Hauptsatz** stehen und kann so den 1. Konditional (auf -ría) ersetzen, ohne daß die Bedeutung sich ändert.

¿Qué **debiera** (debería) hacer, si no?	*Was hätte er sonst tun sollen?*
¿Qué **pudiera** (podría) hacer, si no?	*Was hätte er sonst tun können?*
Quisiera (querría) que me dijera si tiene habitaciones libres.	*Ich wollte, daß Sie mir sagten, ob Sie noch Zimmer frei haben.*

II. Plusquamperfekt Konjunktiv

Das Plusquamperfekt des Konjunktiv wird gebildet aus dem **Imperfekt Konjunktiv** von **haber** und dem **Partizip** des jeweiligen Verbs.

Si **hubiera habido** testigos, habría sido una cosa fácil.	*Wenn es Zeugen gegeben hätte, wäre es leicht gewesen.*
Habría cumplido mi palabra, si todo se **hubiera desarrollado** con normalidad.	*Ich hätte mein Wort gehalten, wenn sich alles normal entwickelt hätte.*

III. Verben mit Unregelmäßigkeiten im Präsens:

enviar *schicken* gehört zu den Verben auf **-iar**, bei denen der Stammvokal in der 1., 2. und 3. Person Singular und in der 3. Person Plural einen **Akzent** bekommt (siehe 10. Stunde).

Übungen 26 C

1. Antworten Sie mit dem Imperfekt Konjunktiv nach folgendem Muster:

Beispiel: – ¿**Debería** llamar a su señora?
– Sí, **debiera** llamarla.

¿Debería Vd. llegar hoy? – ¿Podría poner un telegrama a su señora? – ¿Querría cumplir su palabra? – ¿Habría de llegar esta noche? – ¿Podría resultar complicado, si no? – ¿Debería haber testigos? – ¿Tendríamos que hacer todo lo posible? – ¿Valdría más informarse mejor? – ¿Podríamos solucionar algo? – ¿Tendríamos que empezar enseguida?

2. Antworten Sie mit y a mí me gustaría que nach folgendem Muster:

Beispiel: – ¿Debería su marido **llegar** hoy?
– Sí, y a mí me gustaría que **llegara**.

¿Debería su marido cumplir su palabra? – ¿Podría llegar a tiempo? – ¿Habría de tener testigos? – ¿Querrían los testigos ayudarle? – ¿Tendrían que declarar? – ¿Podrían estar de acuerdo? – ¿Deberían decir todos lo mismo? – ¿No sería mejor pensar todos más en los otros? – ¿No sería mejor no tener nadie accidentes? – ¿No valdría más conducir todos mejor?

3. Antworten Sie mit *y a mí me alegró mucho que* nach folgendem Muster:

Beispiel: – ¿Le **dijeron** a Vd. algo especial ayer?
– Sí, y a mí me alegró mucho que me lo **dijeran**.

¿Le llamaron por teléfono ayer? – ¿Le dieron alguna noticia el otro día? – ¿Le pidió su señora llegar pronto? – ¿Le cambiaron los cheques de viaje? – ¿Le atendieron pronto en correos? – ¿Le ayudaron en el hotel? – ¿Pudo Vd. hablar con su señora por teléfono? – ¿Comprendió ella la situación? – ¿Le envió ella el dinero por giro? – ¿Le mandaron el carnet por carta certificada?

4. Beantworten Sie die Fragen nach folgendem Muster:

Beispiel: – En el hotel le **dan** una habitación simple porque la **hay** ¿no?
– No, no es así; se la **darían**, si la **hubiese**.

El dice cuánto tiempo se queda porque lo sabe, ¿no? – Es cosa fácil porque no es fin de semana, ¿verdad? – Le arreglan el coche porque hacen jornada de 8 horas, ¿no? – Continúa su viaje porque le arreglan el coche, ¿no es así? – Paga enseguida porque lleva bastante dinero, ¿verdad? – Está tranquilo porque no tiene prisa, ¿verdad? – Cumple su palabra porque puede, ¿no es así? – No hay problema porque hay testigos, ¿no es eso? – Los testigos le ayudan porque declaran, ¿no? – Los testigos le ayudan porque todos dicen lo mismo, ¿sí o no?

5. Setzen Sie die richtige Form des Verbs ein:

Si viniera otra crisis, ¿quién convencería al acostumbrado ciudadano a que tomara el autobús, a que (dejar) su coche, a que (salir) un poco antes de casa, a que (ir) unos metros a pie, ...?
Sería posible que muchos (desear) e (intentar) hacerlo, pero dudo que (hacerlo). No (hacerlo) sin que (obligarles).
Si (venir) otra crisis y (anunciarnos) el peligro de la contaminación, mejor que mejor.
Se trataría de que alguien (avisarnos); si no (ser) así, nadie (querer) verlo, antes de que (sufrirlo). Nadie (aceptarlo), aún a riesgo de que después (ser) demasiado tarde.

Vokabeln 26 D

si no tuviese tanta prisa	wenn ich nicht so in Eile wäre
buenas tardes	guten Abend
primeramente	erstens
quisiera que me dijera	ich möchte, daß Sie mir sagen

el baño	Bad
la ducha	Dusche
lo siento	es tut mir leid
simple	einfach
el apartamento	Apartement
la cama	Bett
perdón	Verzeihung
disculpe Vd.	entschuldigen Sie
como si yo mismo lo supiera	als ob ich es selber wüßte
la avería	Panne
un poquito	ein bißchen
cansado/-a	müde
conducir	Auto fahren
la autopista	Autobahn
parar	anhalten
la curva	Kurve
el vehículo	Fahrzeug
en dirección contraria	in Gegenrichtung
se ha desviado	es ist abgewichen
a la izquierda	nach links
por evitarlo	um es zu vermeiden
para que no chocara	damit es nicht zusammenstößt
el caso	Fall
acaso	vielleicht
si hubiese tenido	wenn ich gehabt hätte
el testigo	Zeuge
tal vez	vielleicht
si mañana no fuera	wenn es morgen nicht wäre
el fin de semana	Wochenende
el taller mecánico	Werkstatt
(si) hiciera	(wenn) sie machte
la jornada	Arbeitstag
(si) me arreglara	(wenn) sie mir reparierte
la pérdida	Verlust
si llevara conmigo	wenn ich bei mir hätte
suficiente	genügend
(si) Vd. pudiera	(wenn) Sie könnten
el cheque	Scheck
yo estoy a su disposición	ich stehe zu ihrer Verfügung
amable	liebenswürdig
de su parte	ihrerseits
¿qué pudiera?	was könnte ich?
¿qué debiera?	was sollte ich?
si no	sonst
si el dinero no bastara	wenn das Geld nicht reichte
el documento de identidad	Ausweis
a la vuelta	auf dem Rückweg
o bien	oder auch
el giro	Überweisung
mandar	schicken
el carnet	Ausweis
la carta certificada	Einschreiben
el domicilio	Wohnsitz
permanente	Dauer-, ständig
conforme	einverstanden
aparte de	abgesehen von
cobrar	berechnen
la reparación	Reparatur
el inconveniente	Hindernis, Schwierigkeit
la causa	Grund
la casita	Häuschen
ella me pidió que llegara	sie bat mich darum, daß ich komme
esta noche	heute abend
habría cumplido mi palabra	ich hätte mein Wort gehalten
si todo se hubiera desarrollado	wenn alles sich entwickelt hätte
con normalidad	normal
la llamada telefónica	Anruf
aconsejar	(j-m) raten
que le pusiera un telegrama	daß Sie ihr ein Telegramm schicken
por si acaso	für alle Fälle
a propósito	à propos
correos	Postamt
a la vuelta de la esquina	gleich um die Ecke
la iglesia	Kirche
el banco	Bank
no hay de qué	keine Ursache

27. Stunde

Practique su español 27 A

Muy apreciado amigo del español, si Vd. quiere poner en práctica sus conocimientos de español, lo mejor es que establezca contactos con gente de habla española, ¿no?

Bien, empiece, por tanto, cuando lo haga, por viajar con una compañía aérea española o de un país hispanoamericano. Supongamos que lo hace con Iberia.

No tenga Vd. miedo a los primeros intentos. Vaya a la agencia de viajes y hable español desde el primer instante. Olvide Vd. todo complejo en este respecto. Exponga sus deseos a la empleada, expóngaselos en su español. Prepárese un poco, reflexione lo que va a decir y ¡adelante, hombre!

No pretenda nunca correr, al principio. Hable siempre lentamente y pronuncie con claridad, para que su interlocutor o interlocutora lo haga de la misma manera.

Si viaja Vd. con Iberia, por ejemplo, poco después de subir al avión oirá más o menos las siguientes palabras:

"Buenos días (buenas tardes o buenas noches), señores pasajeros, sean bienvenidos a bordo. Por favor, hagan uso de los cinturones de seguridad. Pongan el respaldo de sus asientos en posición vertical y no fumen. Muchas gracias."

También poco antes de aterrizar tendrá de nuevo oportunidad de poner a prueba su español. Preste atención, a ver si entiende:

"Señores pasajeros, vamos a tomar tierra dentro de unos minutos. Pongan el respaldo de sus asientos en posición vertical, no fumen y permanezcan sentados hasta la parada completa de los motores."

"Les agradecemos su gentileza al viajar con Iberia y esperamos verles nuevamente a bordo."

"Les rogamos no olvidar a bordo ningún objeto de su propiedad. Muchas gracias."

Erläuterungen **27 B**

I. Der Imperativ (Befehlsform)

1. Der **Imperativ** in der negativen Form wird bei allen Verben wie der **Präsens Konjunktiv** gebildet.

No **tenga** miedo.	*Haben Sie keine Angst.*
No **pretenda** nunca correr, al principio.	*Versuchen Sie es zu Anfang nie schnell.*
No **fumen** Vds.	*Rauchen Sie nicht.*

2. Die 3. Person **Singular**, die **1.** und **3.** Person **Plural** stehen auch in der **positiven** Form des Imperativ wie im **Präsens Konjunktiv**.

Olvide Vd. todo complejo.	*Vergessen Sie alle Ihre Komplexe.*
Supongamos que viaja con Iberia.	*Nehmen wir an, Sie reisen mit Iberia.*
Señores viajeros, **sean** bienvenidos a bordo.	*Verehrte Reisende, seien Sie willkommen an Bord.*

3. In der **2. Person Plural** ist die Bildung der **positiven Form** des Imperativs immer **regelmäßig**. Er wird gebildet, indem das **-r** des Infinitivs durch ein **-d** ersetzt wird.

esperar	*warten*	espera**d**
comprender	*verstehen*	comprende**d**
escribir	*schreiben*	escribi**d**

4. Änderung der **Betonung** bei der Bildung des Imperativs der **2. Person Singular**.

espe**r**ar	*warten*	es**pe**ra
compren**d**er	*verstehen*	com**pren**de
escri**b**ir	*schreiben*	es**cri**be

5. **Bildung** des Imperativ in der **2. Person Singular** mit der selben Unregelmäßigkeit wie bei der Bildung des Präsens Indikativ.

pensar	*denken*	p**ie**nsa
adquirir	*erreichen*	adqu**ie**re
jugar	*spielen*	j**ue**ga
recordar	*erinnern*	rec**ue**rda

continuar	*fortfahren*	continúa
contribuir	*beitragen*	contribuye
pedir	*verlangen*	pide

Unregelmäßige Bildung des Imperativ in der 2. Person Singular:

decir	*sagen*	**di**
hacer	*machen*	**haz**
ir	*gehen*	**ve**
oír	*hören*	**oye**
poner	*legen*	**pon**
salir	*hinausgehen*	**sal**
tener	*halten*	**ten**
venir	*kommen*	**ven**

6. Bei der **positiven** Form des Imperativs werden die unbetonten Fürwörter angehängt; bei der **negativen** Form stehen sie **vor** dem Imperativ.

Exponga sus deseos a la empleada, **expóngaselos** en español.	*Erklären Sie Ihre Wünsche der Angestellten, erklären Sie sie ihr auf Spanisch.*
Prepárese un poco.	*Bereiten Sie sich ein wenig darauf vor.*
No tenga Vd. miedo, no **lo tenga** en ningún momento.	*Haben Sie keine Angst, haben Sie sie in keinem Augenblick.*

II. Verben mit Unregelmäßigkeiten im Präsens

1. **entender** *verstehen* gehört zu den Verben, die den Stammvokal **-e-** in **-ie-** verändern (siehe 7. Stunde).

2. **rogar** *bitten* gehört zu den Verben, die den Stammvokal **-o-** in **-ue-** verändern (siehe 7. Stunde).

3. **agradecer** *danken* gehört zu den Verben, die in der 1. Person Singular das **-c-** in **-zc-** verändern (siehe 10. Stunde).

Übungen 27 C

1. Beantworten Sie die Fragen nach folgendem Muster:

Beispiel: – ¿No sabe Vd. que **tengo** miedo a los primeros intentos?
– No **tenga** miedo, hombre, no **tenga** miedo.

¿No sabe Vd. que pronuncio con poca claridad? – ¿No sabe Vd. que pienso en alemán cuando hablo español? – ¿No sabe Vd. que a menudo pregunto en alemán? – ¿No sabe Vd. que hablo alemán en España? – ¿No sabe Vd. que pretendo correr cuando hablo español? – ¿No sabe Vd. que fumo mucho? – ¿No sabe Vd. que olvido objetos? – ¿No sabe Vd. que llego tarde a la escuela? – ¿No sabe Vd. que tomo el coche para ir a la ciudad? – ¿No sabe Vd. que viajo con una compañía alemana?

2. Beantworten Sie die Fragen nach folgendem Muster:

Beispiel: – Quiero **empezar** a hablar ya español.
– Me parece muy bien, **empiece** Vd.

Quiero poner en práctica mis conocimientos. – Quiero establecer contactos. – Deseo viajar con Iberia. – Voy a exponer mis deseos en español. – Quiero ir a la agencia de viajes. – Pretendo hablar lentamente. – Voy a reflexionar un poco. – Tengo que hacer uso del cinturón. – Deseo poner a prueba mi español. – Tengo que prestar atención.

3. Beantworten Sie die Fragen nach folgendem Muster:

Beispiel: – ¿Puedo **exponerle** mis deseos?
– Por favor, no **me los exponga**.

¿Puedo hacerle una pregunta? – ¿Le doy una noticia importante? – ¿Quiere que le anuncie algo nuevo? – ¿Le comento un poco el periódico? – Quiero mostrarle un piso ideal. ¿Qué le parece? – Quiero acompañar a Vd. ¿Le parece bien? – ¿Puedo sugerirle una idea? – ¿Me permite invitar a Vd.? – ¿Puedo ofrecerle una copita? – Voy a resolverle su problema. ¿Qué piensa?

4. Antworten Sie mit den Pronomen nach folgendem Muster:

Beispiel: – ¿Puedo **exponer** mis deseos a la empleada?
– Sí, naturalmente, **expóngaselos**.

¿Puedo decir algo importante al jefe? – ¿Puedo ofrecer unas copitas a sus amigos? – ¿Debo pedírselas al camarero? – ¿Es posible regalar algo a su señora? – ¿Es posible servir un café a su señora? – ¿Debemos enviar el magnetofón a José? – ¿Debemos escribir una carta a los amigos de José? – ¿Tenemos que llevar algo a las amigas de Carmen? – ¿Debo reparar el coche al director? – ¿Tengo que traer ahora mismo la paella a su señora?

5. Beantworten Sie die Fragen nach folgendem Muster:

Beispiel: – ¿Piensas que es bueno **hacer** vacaciones ahora?
– **Hazlas** ahora o no las **hagas** nunca.

¿Piensas que es bueno preguntar ahora? – ¿Piensas que debo poner ya el respaldo en posición vertical? – ¿Crees que debo salir ya de casa? – ¿Debo decirte ahora lo que pienso? – ¿Debo oírte en este momento? – ¿Crees que debo ir ahora a la oficina? – ¿Piensas que debo preocuparme ahora? – ¿Piensas que es bueno pedir ahora la sangría? – ¿Crees que es bueno reservar ahora el hotel? – ¿Debo venir enseguida otra vez?

Vokabeln 27 D

practique su español	üben Sie Ihr Spanisch
apreciado/-a	geehrte/-r
poner in práctica	praktisch verwenden
el conocimiento	Kenntnis
lo mejor es que establezca contactos	das Beste ist, daß Sie Kontakte herstellen
empiece por viajar	fangen Sie mit dem Reisen
por tanto	also
hispanoamericano/-a	spanisch-amerikanisch
supongamos	nehmen wir an
Iberia	Iberia (span. Fluggesellschaft)
no tenga miedo a	haben Sie keine Angst vor
el intento	Versuch
vaya a	gehen Sie zu
hable	sprechen Sie
desde el primer instante	vom ersten Augenblick an
olvide Vd. todo complejo	vergessen Sie Ihre Komplexe
en este respecto	in dieser Hinsicht
exponga sus deseos	erklären Sie Ihre Wünsche
expóngaselos	erklären Sie sie ihr
prepárese	bereiten Sie sich vor
reflexione	überlegen Sie
¡adelante, hombre!	vorwärts, Mensch!
no pretenda nunca correr	versuchen Sie nie zu rennen / schnell zu sprechen
al principio	am Anfang
lentamente	langsam
pronuncie con claridad	sprechen Sie deutlich
el/la interlocutor/-a	Gesprächspartner/-in
de la misma manera	auf dieselbe Weise
poco después de subir al avión oirá	kurz nachdem Sie in das Flugzeug eingestiegen sind, werden Sie hören
más o menos	ungefähr, mehr oder weniger
buenos días	guten Tag
buenas tardes	guten Nachmittag
buenas noches	guten Abend
señores pasajeros	verehrte Fluggäste
sean bienvenidos a bordo	seien Sie an Bord willkommen
hagan uso de	machen Sie Gebrauch von
el cinturón de seguridad	Sicherheitsgurt
pongan el respaldo de sus asientos en posición vertical	stellen Sie Ihre Rückenlehnen senkrecht
no fumen	rauchen Sie nicht
poco antes de aterrizar tendrá de nuevo oportunidad de	kurz vor der Landung werden Sie wieder Gelegenheit haben zu
poner a prueba	auf die Probe stellen
preste atención	passen Sie auf
a ver si entiende	mal sehen, ob Sie verstehen
vamos a tomar tierra	wir werden landen

dentro de unos minutos	in einigen Minuten	**nuevamente**	wieder / nochmals
permanezcan sentados	bleiben Sie sitzen	**les rogamos**	wir bitten Sie
		olvidar	vergessen
hasta la parada completo/-a	bis zum Stillstand komplett	**el objeto**	Gegenstand
		la propiedad	Eigentum
les agradecemos su gentileza al viajar con Iberia	wir danken Ihnen für Ihre Freundlichkeit, mit Iberia zu reisen		

28. Stunde

La entrevista no estaba programada 28 A

Procedente de la capital alemana y por vía aérea ha llegado esta mañana a Madrid el ministro alemán de asuntos exteriores. En el aeropuerto ha sido esperado y recibido por su colega español. Ha sido de verdad esperado porque, debido a la huelga de controladores de vuelo, realizó el avión su llegada con tres cuartos de hora de retraso sobre la hora que había sido prevista.

Las dos personalidades se dirigieron a continuación a la residencia del presidente del gobierno, donde les fue ofrecida una comida oficial.

A causa del retraso en su llegada no hizo el ministro alemán ninguna declaración a los periodistas, que esperaban impacientes con numerosas preguntas y con sus cámaras fotográficas dispuestas.

Se prevé que en el transcurso de su estancia en España se le propondrán al ministro alemán medidas de acercamiento de España a la Comunidad Económica Europea. Sin duda se hará referencia a la inesperada oposición francesa al ingreso de España en la Comunidad.

El ministro alemán ha expresado su deseo de entrevistarse con el Rey, entrevista que no estaba programada. Medios informativos próximos al Monarca han confirmado que el encuentro con el Rey está programado para mañana a mediodía.

Parece que no va a tener lugar ningún encuentro del ministro alemán con dirigentes de la oposición española.

Según la prensa alemana ha sido rechazada por el ministro alemán una invitación de los dirigentes de la oposición española. Parece que en Alemania se considera muy delicada la situación política española tras los últimos debates sobre el terrorismo.

El relativo éxito alemán en la campaña contra el terrorismo será, desde luego, también tema de las conversaciones hispanoalemanas.

Erläuterungen **28 B**

Das Passiv

1. Das Passiv wird mit dem Hilfsverb **ser** und dem **Partizip Perfekt** gebildet, das sich in Geschlecht und Zahl nach dem Subjekt des Satzes richtet.

ser invitado, -a *eingeladen werden*
soy invitado, -a
eres invitado, -a
es invitado, -a
somos invitados, -as
sois invitados, -as
son invitados, -as

Die verschiedenen Zeiten des Verbs im Passiv:

Perfekt	**he sido** invitado, -a
Historisches Perfekt	**fui** invitado, -a
Imperfekt	**era** invitado, -a
Plusquamperfekt	**había sido** invitado, -a
Futur I	**seré** invitado, -a
Futur II	**habré sido** invitado, -a
Konditional I	**sería** invitado, -a
Konditional II	**habría sido** invitado, -a
Konjunktiv Präsens	**sea** invitado, -a
Konjunktiv Perfekt	**haya sido** invitado, -a
Konjunktiv Imperfekt	**fuera** invitado, -a
Konjunktiv Plusquamperfekt	**hubiera sido** invitado, -a
Gerundium	**siendo** invitado, -a

2. Der **Urheber** einer Tätigkeit wird beim Passiv durch die Präposition **por** (deutsch **von**) bezeichnet.

El ministro alemán ha sido recibido **por** su colega español.	*Der deutsche Minister wurde von seinem spanischen Kollegen empfangen.*
Les fue ofrecida una comida oficial **por** el presidente del gobierno.	*Vom Ministerpräsidenten wurden sie zum Essen eingeladen.*
La invitación de la oposición ha sido rechazada **por** el ministro.	*Die Einladung der Opposition wurde vom Minister abgelehnt.*

3. Meist wird das Passiv durch die **reflexive Form** des Verbs oder durch die **unpersönliche 3. Person** wiedergegeben.

Se prevé que en el transcurso de su estancia en España **se le propondrán** medidas de acercamiento de España.	*Es ist vorgesehen, daß ihm während seines Aufenthalts in Spanien Maßnahmen zur Annäherung Spaniens vorgeschlagen werden.*
Sin duda **se hará** referencia a la oposición francesa.	*Zweifellos wird man sich auf die französische Opposition beziehen.*

4. Soll das Ergebnis oder die Folge einer Handlung bzw. der augenblickliche Zustand ausgedrückt werden, so wird das Passiv mit **estar** + **Partizip Perfekt** gebildet, das sich ebenfalls in Geschlecht und Zahl nach dem Subjekt des Satzes richtet.

La entrevista no **estaba** programada.	*Das Interview war nicht geplant.*
El encuentro **está** programado para mañana.	*Das Treffen ist für morgen vorgesehen.*

Übungen **28 C**

1. Beantworten Sie die Fragen nach folgendem Muster:

Beispiel: – ¿Por quién **es recibido** el Ministro? / su colega español
– El ministro **es recibido por** su colega español.

¿Por quién es esperado el ministro? / su colega español – ¿Por quién es preguntado el ministro? / los periodistas – ¿Por quién es ofrecida la comida? / el presidente del gobierno – ¿Por quién serán propuestas las medidas? / el gobierno español – ¿Por quién es programada la entrevista? / las personalidades – ¿Por quién es confirmado el encuentro con el Rey? / los medios informativos – ¿Por quién ha sido rechazada la invitación? / el ministro alemán – ¿Por quién son considerados complicados los debates? / la prensa alemana. – ¿Por quién es comentada la situación? / la prensa española – ¿Por quién había sido invitado el ministro alemán? / los dirigentes de la oposición

2. Beantworten Sie die Fragen nach folgendem Muster:

Beispiel: – ¿Quién **recibe** al ministro, su colega español?
– Sí, **es recibido por** su colega español.

¿Quiénes hacen la huelga, los controladores de vuelo? – ¿Quién hizo las declaraciones, el ministro? – ¿Quiénes preparaban las cámaras, los periodistas? – ¿Quién ha expresado los deseos, el ministro? – ¿Quién mimaría a España, los dos grandes? – ¿Quién seguiría el ejemplo, las otras naciones? – ¿Quiénes abandonarían Gibraltar, los británicos? – ¿Quién convencerá al ciudadano, el alcalde? – ¿Quién analiza las ventajas, la gente? – ¿Quién mejora los transportes colectivos, el gobierno?

3. Antworten Sie mit der reflexiven Form des Verbs nach folgendem Muster:

Beispiel: – ¿Qué **hablan** en Perú?
– En Perú **se habla** español.

¿Qué hablan en Alemania? – ¿Dónde hacen huelga, en el aeropuerto? – ¿Dónde reparan coches, aquí? – ¿Dónde hacen fotos, en esta tienda? – ¿A quién hacen declaraciones, a los periodistas? – ¿Venden coches en esta firma? – ¿Compran ahora muchos coches pequeños? – ¿Preparan paellas en este restaurante? – ¿Tienen buena sangría aquí? – ¿Sirven pronto lo que se pide?

4. Beantworten Sie die Fragen nach folgendem Muster:

Beispiel: – ¿**Propondrán** medidas al ministro?
– Las medidas ya **han sido propuestas**.

¿Recibirán alguna información del ministro? – ¿Discutirán los problemas actuales? – ¿Comentarán los debates? – ¿Van a programar una entrevista con el Rey? – ¿Van a rechazar los comentarios de la oposición? – ¿Van a solucionar algún problema? – ¿Van a declarar ilegal a este grupo? – ¿Intentarán finalmente una campaña contra el terrorismo? – ¿Mejorarán la situación del norte? – ¿Obtendrán algún éxito contra el terrorismo?

5. Wiederholen Sie Übung 4; antworten Sie aber mit estar nach folgendem Muster:

Beispiel: – ¿**Propondrán** medidas al ministro?
 – La medidas ya **están propuestas**.

Vokabeln

28 D

no estaba programada	war nicht programmiert
procedente de	kommend von
la capital	Hauptstadt
por vía aérea	auf dem Luftweg
el ministro de asuntos exteriores	Außenminister
el aeropuerto	Flughafen
ha sido esperado y recibido por	ist erwartet und empfangen worden von
el colega	Kollege
de verdad	tatsächlich
debido a	wegen / auf Grund von
la huelga	Streik
el controlador de vuelo	Fluglotse
el avión realizó su llegada	das Flugzeug landete
el cuarto de hora	Viertelstunde
el retraso	Verspätung
había sido prevista	war vorgesehen worden
la personalidad	Persönlichkeit
se dirigieron	sie begaben sich
a continuación	anschließend
la residencia	Residenz
el presidente del gobierno	Ministerpräsident
les fue ofrecida	ihnen wurde angeboten / serviert
la comida oficial	offizielles Essen
a causa de	wegen
la declaración	Erklärung
impaciente	ungeduldig
numeroso/-a	zahlreich
la cámara fotográfica	Filmkamera
dispuesto/-a	bereit
se prevé	man sieht vor
el transcurso	Verlauf
la estancia	Aufenthalt
se le propondrán	man wird ihm vorschlagen
la medida	Maßnahme
el acercamiento	Annäherung
la Comunidad Económica Europea	Europäische Gemeinschaft
sin duda	ohne Zweifel
se hará referencia	man wird Bezug nehmen auf
inesperado/-a	unerwartet
francés/-a	französisch
el ingreso	Eintritt / Aufnahme
ha expresado	hat ausgedrückt
entrevistarse	sich treffen
el Rey	König
el medio informativo	Informationsquelle
próximo/-a	nahe
el Monarca	Monarch
han confirmado	sie haben bestätigt
el encuentro	Zusammentreffen
para mañana a mediodía	morgen mittag
parece que no va tener lugar	es sieht aus, daß nicht stattfinden wird
el dirigente de la oposición	Oppositionsführer
la prensa	Presse
ha sido rechazada	ist abgelehnt worden
la invitación	Einladung
se considera muy delicada	man betrachtet als sehr heikel
político/-a	politisch
el debate	Debatte
el terrorismo	Terrorismus
relativo/-a	relativ
el éxito	Erfolg
desde luego	natürlich / selbstverständlich
la conversación	Gespräch

29. Stunde

Lo que un extranjero ha dicho sobre los españoles

29 A

Aún sin llevar tarjeta de presentación, si anuncia Vd. a cualquier familia española que está encargado de hacerle una visita de parte de uno de sus amigos ausentes, puede contar con una acogida cordial.

En el momento de despedirse, la dueña de la casa le dirá cortésmente: "Caballero, ésta es su casa; Vd. puede venir aquí con toda franqueza."

No se enfade Vd. si encuentra también alguna falta; tales faltas no deben atribuírse, como en otras partes, a falta de cortesía, sino a dejadez, que es aquí la enfermedad dominante. Que esto no le impida hacer su segunda visita. Esta vez todos le preguntarán: "¿Ha descansado Vd.?" Esta pregunta se repetirá a cada paso que dé. Tenga cuidado de mostrarse sensible a esta demostración de finura enteramente española. En fin, en su tercera visita, se le preguntará qué le parecen España y los españoles. Todos se informarán de su nombre de pila y no le llamarán nunca más que con este nombre.

Las familias tienen la costumbre de recibir a menudo en su casa por la noche, y estas reuniones se llaman tertulias. En ellas, todos, de cualquier edad y sexo, se dejan llevar de su alegría natural, porque los españoles no aborrecen nada tanto como la reserva exagerada y gustan de reír más de lo que haría suponer su fama de gente seria. Por mi parte, me gusta mucho este buen humor y esta confianza de los españoles, que hace que en sus tertulias uno pueda creerse casi en familia.

Erläuterungen **29 B**

I. Der Infinitiv

1. Nach allen Verben, die ein Substantiv im Akkusativ ohne Präposition nach sich ziehen, steht im Spanischen auch der Infinitiv ohne Präposition (**reiner Infinitiv**).

Vd. **puede contar** con una acogida cordial.	*Sie können mit einer herzlichen Aufnahme rechnen.*
Las faltas no **deben atribuírse** a falta de cortesía.	*Die Fehler dürfen nicht auf einen Mangel an Höflichkeit zurückgeführt werden.*
Que esto no le **impida hacer** su segunda visita.	*Das soll Sie nicht davon abhalten, Ihren zweiten Besuch zu machen.*
Todos se **dejan llevar** de su alegría.	*Alle lassen sich von ihrer Fröhlichkeit leiten.*
Gustan de reír más de lo que **haría suponer** su fama.	*Sie lachen lieber, als es ihr Ruf vermuten ließe.*

2. Nach **unpersönlichen Ausdrücken** steht im Spanischen der **Infinitiv** ohne Präposition und fungiert als **Subjekt** des Satzes.

Lo mejor es **leer** opiniones diferentes.	*Das Beste ist, verschiedene Meinungen zu lesen.*
No es necesario **ir** a pie.	*Es ist nicht nötig, zu Fuß zu gehen.*
A mí me interesa **llegar** cuanto antes.	*Ich bin daran interessiert, so früh wie möglich anzukommen.*
A mí me molesta **esperar**.	*Es stört mich zu warten.*
Cada vez hace falta **trabajar** menos.	*Man muß immer weniger arbeiten.*
Mientras sea preciso **entrar** a empellones no habrá convivencia "autobusiana".	*Solange man Gewalt anwenden muß um einzusteigen, wird es kein „Autobus-"Zusammenleben geben.*

3. Nach einer Reihe von Verben steht der Infinitiv mit Präpositionen (**präpositionaler Infinitiv**).

El caballero vuelve **a dirigirse** al camarero.	*Der Herr wendet sich wieder an den Ober.*
Acabo **de preparar** el café.	*Ich habe gerade Kaffee gemacht.*
Cada uno se preocupa **de resolver** su problema.	*Jeder kümmert sich darum, sein Problem zu lösen.*
¿Cuántos pueden presumir **de haber dejado** atrás un siglo?	*Wieviele können sich schon rühmen, ein Jahrhundert hinter sich gelassen zu haben?*
¿Quién convencerá al ciudadano **a dejar** su coche?	*Wer wird den Städter davon überzeugen, sein Auto stehenzulassen.*
El automóvil posiblemente no deja **de ser** necesario nunca.	*Möglicherweise wird das Auto nie aufhören, nötig zu sein.*

4. Nach Substantiven und Adjektiven, denen ein Substantiv **mit** einer **Präposition** – meist de – folgt, steht **auch** der **Infinitiv mit** dieser Präposition.

Las familias tienen la costumbre **de recibir** a menudo.	*Bei den Familien ist es üblich, oft Gäste zu empfangen.*
Tenga cuidado **de mostrarse** sensible.	*Achten Sie darauf, sich empfindsam zu zeigen.*
Tenemos el plan **de ver** una película.	*Wir haben vor, uns einen Film anzusehen.*
No es el momento **de hablar** de lo que vale todo eso.	*Es ist nicht der Augenblick darüber zu sprechen, was das alles wert ist.*
Siento una gran alegría **de estar** aquí.	*Ich freue mich sehr hier zu sein.*
¿Tiene Vd. la amabilidad **de explicarme** de qué pelea se trata?	*Haben Sie die Freundlichkeit mir zu erklären, um welchen Streit es sich handelt?*

5. Häufig steht der Infinitiv **anstelle von Nebensätzen**: mit **a** – bei Verben der Bewegung – bzw. **para** + Infinitiv wird Absicht oder Zweck ausgedrückt; **al** + Infinitiv bedeutet Gleichzeitigkeit; **antes de** und **después de** + Infinitiv gibt Zeitabläufe an; **por** + Infinitiv steht im Kausalsatz und mit **sin** + Infinitiv wird eine Verneinung ausgedrückt.

Aún **sin llevar** tarjeta, puede contar con una buena acogida.	*Auch ohne Ausweis können Sie mit einer freundlichen Aufnahme rechnen.*
Antes de comprar su coche piense en nuestro modelo.	*Bevor Sie Ihr Auto kaufen, denken Sie an unser Modell.*
Yo salgo de aquí ahora **para llegar a** tiempo a la fiesta.	*Ich gehe jetzt, damit ich rechtzeitig zum Fest komme.*
Vamos **a ver** qué hay de bueno en este restaurante.	*Laßt uns sehen, was es Gutes in diesem Restaurant gibt.*
El camarero sirve el coñac **sin preguntar** nada.	*Der Ober serviert den Kognak ohne zu fragen.*

6. Bei Verbalkonstruktionen mit Infinitiv **ohne Präposition** können die unbetonten Fürwörter an den Infinitiv gehängt werden oder vor dem konjugierten Verb stehen.
Bei Konstruktionen des Infinitivs **mit Präposition** werden die unbetonten Fürwörter immer an den Infinitiv gehängt.

Todos **se dejan llevar** de su alegría.	*Alle lassen sich von ihrer Freude leiten.*
La confianza hace que uno pueda **creerse** casi en familia.	*Die Vertrautheit bewirkt, daß man sich fast wie zu Hause fühlt.*
El camarero toma el coñac para **servírselo** al señor.	*Der Ober nimmt den Kognac, um ihn dem Herrn zu servieren.*
El camarero sirve el coñac al señor sin **preguntarle** nada.	*Der Ober serviert dem Herrn den Kognak ohne ihn zu fragen.*

7. Der **Infinitiv Perfekt** wird gebildet aus dem Infinitiv von **haber** + **Partizip Perfekt**.

esperar *warten*	comprender *verstehen*	escribir *schreiben*
haber esperado	haber comprendido	haber escrito
gewartet haben	*verstanden haben*	*geschrieben haben*

II. Verben mit Unregelmäßigkeiten im Präsens

1. **aborrecer** *verabscheuen* gehört zu den Verben, die in der 1. Person Singular das **-c-** in **-zc-** verändern (siehe 10. Stunde).

2. **atribuir** *zurechnen* gehört zu den Verben, die in der 1., 2. und 3. Person Singular und in der 3. Person Plural das **-i-** in **-y-** ändern (siehe 21. Stunde).

3. **despedir** *verabschieden* und **impedir** *hindern* gehören zu den Verben, die den Stammvokal **-e-** in **-i-** ändern (siehe 11. Stunde).

Übungen **29 C**

1. Beantworten Sie die Fragen nach folgendem Muster:

Beispiel: – ¿**Puedo** tener confianza?
– Sí, señor, **debe** tenerla.

¿Puedo atribuir las faltas a dejadez? – ¿Puedo mostrarme sensible? – ¿Puedo decir mi nombre? – ¿Puede uno creerse en familia? – ¿Podemos dejarnos llevar de la alegría? – ¿Puede el ministro llegar puntualmente? – ¿Podría entrevistarse con el Rey? – ¿Podría ser el terrorismo tema de las conversaciones? – ¿Podría Vd. practicar su español? – ¿Podría España permanecer neutral?

2. Antworten Sie je nachdem mit lo mejor es, es necesario, es normal, es interesante, interesa, molesta, es preciso, hace falta *etc. nach folgendem Muster:*

Beispiel: – ¿Lee Vd. periódicos diferentes?
– Sí, porque **lo mejor es leer** periódicos diferentes.

¿Lleva Vd. siempre tarjeta de presentación? – ¿No se enfada Vd. nunca? – ¿Se deja Vd. llevar de su alegría natural? – ¿Llega Vd. siempre con retraso? – ¿Consideran en España delicada la situación? – ¿Hacen una campaña contra el terrorismo? – ¿Practica Vd. sus conocimientos de español? – ¿Establece Vd. contactos para ello? – ¿Tiene Vd. miedo a los primeros intentos? – ¿Se preocupa la gente de la contaminación?

3. Antworten Sie mit no deja de *nach folgendem Muster:*

Beispiel: – ¿Es necesario el automóvil todavía?
– Sí, y posiblemente **no deja de ser** necesario nunca.

¿Estiman en España al ministro alemán todavía? – ¿Reflexiona Vd. mucho todavía? – ¿Habla Vd. en español lentamente todavía? – ¿Olvida Vd. objetos personales todavía? – ¿Necesita España la OTAN todavía? – ¿Hacen falta las alianzas todavía? – ¿Hay peligro de contaminación todavía? – ¿Resulta el automóvil más práctico que el autobús todavía? – ¿Le conviene a Vd. este piso todavía? – ¿Le gusta a su marido un piso así todavía?

4. Geben Sie eine Erwiderung nach folgendem Muster:

Beispiel: – ¡Vamos a hablar de todo eso!
– No, **ahora no es el momento de** hablar de todo eso.

¡Vamos a comprar el billete! – ¡Vamos a empezar a practicar! – ¡Vamos a la agencia de viajes! – ¡Vamos a subir al avión! – ¡Vamos a prestar atención! – ¡Vamos a racionalizar el consumo! – ¡Vamos a mejorar los transportes colectivos! – ¡Vamos a obligar a la gente! – ¡Vamos a ver el piso! – ¡Vamos a alquilar el piso!

5. Bilden Sie Fragen mit tiene Vd. la amabilidad de *nach folgendem Muster:*

Beispiel: – Explíqueme de qué se trata, por favor.
– **¿Tiene Vd. la amabilidad de** explicármelo?

Déme información, por favor. – Recomiéndeme un piso ideal, por favor. – Dígame cuánto cuesta, por favor. – Acompáñeme a ver el piso, por favor. – Espere un momento, por favor. – Ayúdeme un poco, por favor. – Mire Vd. el libro, por favor. – Hable lentamente, por favor. – Preocúpese Vd. un poco más, por favor. – Cuénteme algo, por favor.

Vokabeln 29 D

el/la extranjero/-a	Ausländer/-in
aún sin llevar	sogar ohne mitzubringen
la tarjeta de presentación	Visitenkarte
cualquier	jede(r) beliebige
la familia	Familie
está encargado de	Sie sind beauftragt worden zu
hacer una visita	einen Besuch machen
de parte de	von / im Namen von
ausente	abwesend
la acogida	Empfang
cordial	herzlich
en el momento de despedirse	wenn Sie sich verabschieden
la dueña de la casa	Hausherrin
cortésmente	höflich
caballero	mein Herr
con toda franqueza	ohne Hemmungen
la falta	Fehler
tales faltas	solche Fehler
no deben atribuírse a	darf man nicht zurückführen auf
en otras partes	anderswo
la cortesía	Höflichkeit
la dejadez	Nachlässigkeit
la enfermedad	Krankheit
dominante	dominierend
que esto no le impida	das soll Sie nicht abhalten
¿ha descansado Vd.?	haben Sie gut geschlafen?
a cada paso que dé	bei jedem Schritt, den Sie machen
tenga cuidado de mostrarse sensible	achten Sie darauf sich zu zeigen empfindsam
la demostración	Äußerung
la finura	Feinheit
enteramente	ganz
en fin	schließlich
el nombre de pila	Vorname
no le llamarán nunca más que	man wird Sie nur noch nennen / nur ansprechen
tienen la costumbre de recibir	haben die Gewohnheit zu empfangen
por la noche	am Abend
la tertulia	Abendgesellschaft
de cualquier edad y sexo	jeden Alters und Geschlechts
se dejan llevar de	sie lassen sich leiten von
la alegría	Freude / Fröhlichkeit
natural	natürlich
no aborrecen nada tanto como	nichts verabscheuen sie so sehr wie
la reserva	Zurückhaltung
exagerado/-a	übertrieben
gustan de reír más de lo que haría suponer su fama	sie lachen lieber, als es ihr Ruf vermuten lassen würde
serio/-a	ernst
por mi parte	meinerseits
el buen humor	gute Laune

la respuesta Antwort, Entgegnung

el repuesto Vorrat, Ersatz

30. Stunde 30 A

Lo que algunos españoles piensan sobre sí mismos

Con motivo de los desgraciados sucesos de hace unos días dijo el dirigente del partido socialista más o menos lo siguiente: "En los países que nos rodean no ocurren estas cosas."

Palabras y pensamientos de ilustres personalidades pueden explicar en parte estos sucesos.

Largo Caballero dijo: "Cuando nos lancemos por segunda vez a la calle, que no nos hablen de generosidad. Que no nos culpen si los excesos de la revolución se extreman hasta el punto de no respetar cosas ni personas."

Indalecio Prieto dijo: "Cada uno de los bandos sabe que el adversario, si triunfa, no le dará cuartel."

José Antonio dijo: "Los españoles quizá no hemos tenido la sabiduría de confrontar con serenidad nuestras opiniones respectivas. Si la hubiéramos tenido habríamos descubierto, sin duda, que a menudo estábamos muy cerca unos de otros y que nuestras divergencias, en la mayoría de las ocasiones, sólo consistían en pormenores."

Salvador de Madariaga dijo: "Los españoles son ingobernables por dos razones: porque les falta humildad y creen que lo saben todo y sirven para todo, y porque en seguida se cansan de quien les gobierna."

Por la calle ha circulado un chiste que decía: "Si a un alemán se le da una orden, primero la cumple y después no la discute. Si a un español se le da esa misma orden, primero la discute y después no la cumple."

Erläuterungen **30 B**

Die Zeitenfolge

1. Die **indirekte Rede** erfordert im Spanischen **keinen Konjunktiv** (im Gegensatz zum Deutschen). Sie richtet sich jedoch nach den Regeln der Zeitenfolge.

   Steht im einleitenden **Hauptsatz** das Verb in einer Zeit der **Gegenwart** (Präsens, Futur oder Perfekt), so wird die Zeit des Originalsatzes **nicht verändert**, wenn er in die indirekte Rede gesetzt wird. Die Konjunktion **que** *daß* kann jedoch nicht entfallen.

   Steht im **Hauptsatz** das Verb in einer Zeit der **Vergangenheit**, so muß auch die Zeit des Satzes in der indirekten Rede eine Zeit der **Vergangenheit** sein.

Ahora **dice** que **viene** ahora.	*Er sagt jetzt, daß er gleich kommt.*
Ahora **dice** que **vino** ayer.	*Er sagt jetzt, er sei gestern gekommen.*
Ahora **dice** que **vendrá** más tarde.	*Er sagt jetzt, daß er später kommen würde.*

Hace un momento **ha dicho** que **vino** ayer.	*Gerade hat er gesagt, daß er gestern gekommen sei.*
Hace un momento **ha dicho** que **vendrá** más tarde.	*Gerade hat er gesagt, daß er später kommen würde.*
Ayer **dijo** que **había venido** ya.	*Gestern sagte er, daß er bereits gekommen sei.*
Ayer **dijo** que **venía** hoy.	*Gestern sagte er, er würde heute kommen.*

2. Für den **Konjunktiv** in der indirekten Rede gelten ebenfalls die Regeln der **Zeitenfolge**.

Me **alegro** de que **venga** ahora o más tarde.	*Ich freue mich, daß Sie jetzt oder später kommen.*
Me **alegro** de que **haya venido** ya.	*Ich freue mich, daß Sie schon gekommen sind.*
Me **alegro** de que **viniera** ayer.	*Ich freue mich, daß Sie gestern gekommen sind.*
Me **alegré** de que **viniera** ayer.	*Ich freute mich, daß Sie gestern kamen.*
Me **alegré** de que **hubiera venido** ya.	*Ich freute mich, daß Sie schon gekommen waren.*

3. Bei **Nebensätzen**, die mit *si wenn* eingeleitet werden, gelten die gleichen Regeln der Zeitenfolge.

Si viene ahora o más tarde, me **alegro**.	*Wenn Sie jetzt oder später kommen, freue ich mich.*
Si viene más tarde, me **alegraré**.	*Wenn Sie später kommen, werde ich mich freuen.*
Si viniera ahora, me **alegraría**.	*Wenn Sie jetzt kämen, würde ich mich freuen.*
Si hubiera venido ya, me **habría alegrado**.	*Wenn Sie bereits gekommen wären, hätte ich mich gefreut.*

Übungen 30 C

1. Beantworten Sie die Fragen nach folgendem Muster:

Beispiel: – ¿Puede **venir** su amigo hoy?
– Sí, dice que **viene** hoy.

¿Puede llegar su amigo puntualmente? – ¿Pueden proponer los españoles medidas pronto? – ¿Puede entrevistarse el ministro esta tarde? – ¿Puede tener lugar su encuentro con el Rey en este viaje? – ¿Pueden discutir los problemas sobre el terrorismo ahora? – ¿Puede el señor poner en práctica sus conocimientos en seguida? – ¿Puede el señor prestar atención ahora? – ¿Pueden permanecer ellos sentados en todo el viaje? – ¿Puede visitar Carmen a su amiga esta semana? – ¿Puede el alcalde solucionar los problemas pronto?

2. Beantworten Sie die Fragen nach folgendem Muster:

Beispiel: – ¿Va a **venir** su amigo mañana?
– Sí, dice que **vendrá** mañana.

¿Va a dar la agencia nueva información sobre pisos otro día? – ¿Va a ver la señora los pisos el próximo día? – ¿Va a venir su marido otro día? – ¿Va a alquilar su marido un piso realmente? – ¿Va a acompañar él a su señora el próximo día? – ¿Va a gustarle el libro a la hija de la señora? – ¿Va a dar la señora una sorpresa a su hija? – ¿Va a estudiar su hija más con el nuevo libro? – ¿Va a ver la gente en el futuro los problemas de la contaminación? – ¿Va a haber una nueva campaña contra el terrorismo, según el ministro?

3. Beantworten Sie die Fragen nach folgendem Muster:

Beispiel: – ¿Tendrá Roberto dinero para **enviar** el magnetofón?
– No sé, pero si tiene dinero lo **enviará**.

¿Tendrá José tiempo para escribir? – ¿Nos recomendará el camarero probar la paella? – ¿Nos recomendará el camarero tomar sangría? – ¿Será mejor elegir vino tinto? – ¿Desearán ellos pedir postre? – ¿Podrá la señorita traducir las cartas? – ¿Tendrá ella tiempo para llamar por teléfono? – ¿Se decidirá Vd. a comprar otro coche? – ¿Le hará falta a Vd. declarar el alcohol? – ¿Le será necesario a Vd. pagar la multa?

4. Setzen Sie die richtige Form des Verbs ein:

Roberto dice en su carta que no sabe cuánto tiempo hace que José no (escribirle) y que no (saber) nada de él. Dice que José no (escribir) ni (llamar) por teléfono tampoco. – Además dice Roberto que sus amigos (querer) tener algún contacto con la gente, pero que la cosa no (ser) nada fácil, pues ninguno de ellos (hablar) español. – Roberto piensa que José posiblemente (poder) acompañar a sus amigos y que, si él tampoco (tener) tiempo, quizá (poder) darle alguna referencia.

5. Setzen Sie die richtige Form des Verbs nach folgendem Muster ein:

Beispiel: La señora que **buscaba** un piso **dijo** que a su marido no le **gustaba** que los niños **vivieran** en un bloque grande.

El señor de la agencia dijo que era natural que no (gustarle). Dijo que (ser) lógico que (buscar) otra cosa. Pero que (tener) otro que (ser) muy amplio y esperaba que (gustarle). Según él, el alquiler (ser) bajo. Que si le interesaba (poder) acompañarla a que (verlo), para que (formarse) una idea de lo que (ser) un piso ideal.

Vokabeln

sobre sí mismos	über sich selbst
con motivo de	auf Grund von
desgraciado/-a	unglücklich
el suceso	Ereignis
el dirigente	Führer
socialista	sozialistisch
más o menos	ungefähr, mehr oder weniger
lo siguiente	folgendes
que nos rodean	die uns umgeben
no ocurren estas cosas	es geschieht das nicht
el pensamiento	Gedanke
ilustre	berühmt
en parte	zum Teil
cuando nos lancemos a la calle	wenn wir auf die Straße gehen
por segunda vez	zum zweitenmal
que no nos hablen de	man soll uns nicht kommen mit
la generosidad	Edelmut, Großzügigkeit
que no nos culpen	man soll uns nicht beschuldigen
si los excesos de la revolución se extreman	wenn die Ausschreitungen der Revolution so weit getrieben werden
hasta el punto de	soweit, daß
respetar	Rücksicht nehmen auf, respektieren
cada uno de los bandos	jede Partei
el adversario	Gegner
si triunfa	wenn er siegt
no le dará cuartel	wird kein Erbarmen haben mit ihm
la sabiduría	Klugheit
confrontar	konfrontieren
la serenidad	Heiterkeit
respectivo/-a	jeweilig
habríamos descubierto	wir hätten entdeckt
sin duda	zweifellos
la divergencia	Meinungsverschiedenheit
en la mayoría de las ocasiones	meistens
consistían en pormenores	bestanden in Kleinigkeiten
ingobernable	nicht zu regieren
por dos razones	aus zwei Gründen
les falta humildad	ihnen fehlt Bescheidenheit
en seguida	sofort
de quien les gobierna	von dem, der sie regiert
por la calle ha circulado un chiste	ein Witz hat die Runde gemacht
la orden	Befehl
primero la cumple	zuerst befolgt er ihn
después no la discute	dann widerspricht er ihm nicht

Schlüssel zu den Übungen

1C

1. el señor; la señora; el sur; lo primero; el centro; la pronunciación; lo complicado; la costa; lo mío; lo especial.   2. los días; las semanas; las vacaciones; los señores; los dialectos; las ciudades; los dos señores; las señoras; las cuestiones; las dos palabras.   3. una ciudad; un día; un poco diferente; una cuestión; un poco especial; un señor; una señora; un poco complicado; una semana; un motivo.   4. unos señores; unas señoras; unos 15 días; unas 15 semanas; unos días; unos motivos; unas palabras; unos dialectos; unas vacaciones; unas ciudades.   5. Vd. no comprende bien; yo no comprendo al señor; ¿no hablan los dos español?; en el centro no hay dialectos; ¿no pasa Vd. las vacaciones?

2C

1. el periódico; la radio; la discusión; el turismo; la revista; el balcón; la verdad; el clima; la profesión; el empleo; la mujer; la tienda; el plan; el cine; el agua; el idioma; el hambre; la foto; el problema.   2. las manos; las mujeres; los corresponsales; las crisis; los temas de las lecciones; las discusiones con los directores; las luces de los cines; las aguas; los periodistas; las periodistas; los mapas de las ciudades; los planes de los señores; los jueves; los problemas de los estudiantes; las estudiantes.   4. los dos problemas; las dos entrevistas; los dos planes; las dos crisis; las dos cosas; los dos sistemas; las dos películas; los dos telegramas; las dos lecciones; los dos idiomas.

3C

1. es muy sencilla; es óptima; está contenta; es prácticamente nulo; es muy buena; es muy complicada; es nueva; es muy moderna; es muy pequeña; es muy mala.   2. un programa interesante; un plan sin igual; un periódico importante; un tema muy especial; una profesión muy interesante; una gasolina poco barata; una radio poco buena; una comodidad grande; un empleo ideal; un asiento agradable.   3. es alemana; es americana; es característico; es optimista; es regional; es española; es muy grande; es americano; es española; es feliz.   4. coches ideales; señoras corteses; lecciones particulares; instrumentos accesorios; asientos pequeños; turistas alemanes; turistas españolas; cuestiones complicadas; sistemas especiales; mujeres felices.   5. una revista y un mapa españoles; una pronunciación y unas palabras regionales; un confort y una comodidad agradables; unos asientos y una atmósfera característicos; un plan y un programa similares; una profesión y un diploma diferentes; una discusión y una cuestión especiales; unos días libres; unas lecciones particulares interesantes; unas vacaciones ideales.

4C

1. no recibo; no compro; no llego; no deseo; no escucho; no miro; no cojo; no espero; no permito; no comprendo.   2. recibimos; compramos; llegamos; deseamos; escuchamos; necesitamos; escribimos; vendemos; cogemos; tomamos.   3. no habla Vd.; no escuchan Vds.; no compra Vd.; no miran Vds.; no permite Vd.; no escriben Vds.; no recibe Vd.; no espera Vd.; no venden Vds.; no reciben Vds.   5. leemos; comprendemos; debemos; escribe; lee; leo; recibo; compro; compra; depende; escucho; miro.

5C

1. cabemos; vamos; vamos a pie; venimos; traemos; hacemos; oímos; salimos; decimos; tenemos.   3. veo que trae a alguien; veo que es poca distancia; veo que va a pie; digo que llega a tiempo; oigo que sale alguien; sé que es necesario; sé que tiene problemas; digo que viene con nosotros; digo que es; digo que hace.   4. digo eso a mi señora; escribo unas palabras al director; doy aviso al empleado; compro un periódico a mi marido; llevo

un regalo al intérprete; traigo una botella a los invitados; hago una foto al jefe; pongo un motor nuevo al coche; doy información a los turistas; doy un mapa al guía de turismo.   5. trae a su señora; trae a alguien; lleva los regalos; escucha al director; escucha la radio; mira la propaganda; mira a la artista; vale una fortuna; recibe a unos invitados; recibe el periódico.

6C

1. la ciudad es; la ciudad está; esos señores son; nosotros somos; no es necesario; los dos señores están; los otros están sentados; ellos están sentados; los turistas están sentados; yo estoy.   2. los dialectos son; los periodistas están; en la fiesta hay; los periodistas son; nuestros compañeros están; esos señores son; ahí afuera hay; en total son; aquí hay mucho de bueno; es mejor aquélla.   3. ¿son Vds.?; dos estamos aquí, allí hay uno más, ya somos tres; otro está en camino; ya está ahí; es ése; aquéllas que están; no son muy grandes, pero es; ¿qué hay, cómo está Vd.?; estoy bien.   4. este, ese, aquel señor; esta, esa, aquella ciudad; esta, esa, aquella palabra; estos, esos, aquellos anuncios; estas, esas, aquellas tiendas; estos, esos, aquellos motores; este, ese, aquel defecto; esta, esa, aquella información; este, ese, aquel empleo; esta, esa, aquella señora.   5. ése, aquél; ésas, aquéllas; ésos, aquéllos; ése, aquél; ésa, aquélla; ésos, aquéllos; ésa, aquélla; eso, aquello; ése, aquél; ésos, aquéllos.

7C

1. empieza a llover; empieza Vd. a trabajar; empieza a calentar; empiezan ellos a volver; empieza Vd. a sentir; empiezan Vds. a ir; empezamos a tener; empieza a hacer; empieza esto a poder ser; empieza Vd. a recordar.   2. encuentra; piensa; trabaja; va; prefiere; empieza; vuelve; siente; viene; recuerda.   3. vuelvo, volvemos; estoy, estamos; vengo, venimos; trabajo, trabajamos; voy, vamos; veo, vemos; voy, vamos; estudio, estudiamos; voy, vamos; vengo, venimos.   4. pienso que Vd. prefiere; digo que Vd. tiene; cuento que los viajes cuestan; cuento que mi mujer prefiere; pienso que yo no puedo; recuerdo que no llueve; recuerdo que no hace; digo que nosotros queremos; pienso que Vd. juega; recuerdo que no calienta.   5. ¿juegan Vds.?; no jugamos; preferimos; ¿llevan Vds.?; llevamos tres semanas; volvemos a casa; queremos estar; ¿empiezan Vds.?; empezamos.

8C

1. es la una menos cuarto; son las dos y media; son las ocho; son las tres; tengo las siete menos cuarto; tengo la una y media; tengo las cuatro y cinco; son las doce y cuarto; son las once y veinticinco; tengo las diez menos veinticuatro.   2. a las nueve; a las nueve menos cuarto; debemos comprar ahora; es esta noche; tengo tiempo libre hoy por la tarde; a las doce y media; tengo ... hoy por la mañana; a las diez y media; a las ocho y media; a las ocho.   3. el veinte de Junio; el veintiúno de Diciembre; el quince de Enero; el dieciséis de Febrero; el veintiséis de Marzo; el sábado; los lunes, martes y miércoles; los jueves y viernes; el veintinueve de Julio; el uno de Agosto.   4. mañana es el diecisiete de Mayo de mil novecientos ochenta; en cuatro días es el veintiúno de Mayo de; en dieciséis días es el uno de Junio de; en un año es el dieciséis de Mayo de mil novecientos ochenta y uno; del uno de Abril de mil novecientos setenta y siete; del treinta y uno pasado; de la semana pasada; del año pasado; el uno de Julio de mil novecientos ochenta y tres; el uno de Enero de mil novecientos ochenta y cinco.   5. vive en el (número) ciento quince; vivo en el (número) cien; tengo el (número) cinco quince veinticinco treinta y cinco; cuesta trescientas cuarenta y cinco pesetas; hay tres cuartos de litro; hay medio litro; en un año hay trescientos sesenta y cinco días; treinta y un días; muchos millones de turistas; veintiún mil estudiantes.

9C

2. ninguno, no va ningún amigo; ninguna, no pasan ninguna semana; ninguna, no da ninguna referencia; ninguno, no tienen ningún contacto; ninguno, no anda bien ningún reloj; en ninguno, en ningún reloj; ninguno, no hacen ningún viaje; ninguna, no ven ninguna ciudad; ninguna, no hay ninguna mesa; ninguno, no va ningún invitado.   3. no, no necesito nada; no, no conocen a nadie; no, no tiene tiempo para nada; no, no quieren estar sin hacer nada; no, no va nada mejor; no, no recuerda nada; no, no es nada fácil; no, no calienta nada; no, no cabe nada más; no, no oye ni ve nada.   4. nunca, no llama nunca; nunca, no puede ir nunca; nunca, no llegan nunca; nunca, no escuchan las noticias nunca; ninguno, no coge el autobús ningún día; en ninguno, no pienso en ningún momento; nunca, no son nulos nunca; nunca, no es barato nunca; ninguno, no está libre ningún día; ninguno, no trabaja ningún día.   5. algo complicada, pues ninguno de ellos habla / pues alguno de ellos no habla; yo no puedo ir tampoco, no tengo mucho tiempo / tengo poco tiempo; conozco a alguien, pero no está nunca; hacer alguna cosa; si no tienes tiempo tampoco / si tampoco tienes tiempo, alguna referencia.

10C

1. la escribo; te las doy; lo hay; los tengo; las solucionamos; lo arreglamos; lo envía; lo enviamos; la ofrece; las pasan.   2. me estima; les acompaña; la tengo; nos saluda; les estima; la estima; les llama; me llama; os necesita; nos quiere ver.   3. la tomo; te escribo; le llamo; no la saludo, no la conozco; le dices; no lo comprendo; ya lo sé; no la hay; lo solucionamos; lo solucionamos.   4. nuestra amistad la estimo mucho; la razón la tiene R.; a Carmen la conoce; a los amigos les acompaña C.; las dificultades las tienen; a mí me gusta; a mi amiga le gusta; a mí me tiene; a los amigos les envía; a R. le envían.   5. os escribimos; nos preguntáis, no os escribimos; qué os podemos decir; ya lo sabéis; no lo tenemos; nos conocéis, os estimamos; no os llamamos; la tenéis.

11C

1. se echa; no se levanta; se bañan; se aburre; se ríe; se mueve y no se sienta; ni siquiera se quita la ropa; se enfada; se queda; se informa.   2. moverme; quitarme la ropa; divertirme; reírme; sentarme; quedarme; irme; echarme; acordarme; informarme.   3. ni lo toman ni lo pueden tomar; ni la toman ni la pueden tomar; ni me aburro ni me puedo aburrir; ni lo siento ni lo puedo sentir; ni nos informamos ni nos podemos informar; ni nos quedamos ni nos podemos quedar; ni le escribe ni le puede escribir; ni lo envía ni lo puede enviar; ni lo envían ni lo pueden enviar; ni la tiene ni la puede tener.   4. hacerlo; escribirla; pedirlo; arreglarlo; tenerlo; darlas; hacerlas; solucionarlas; tenerlo; hacerlo.   5. se divierte; se quita la ropa; se ríe; se informa; se enfada; se aburre; se mueve; se enfada; se queda; se va.

12C

1. a un bar; a la puerta; vuelve a la ventanilla; llega a la ventanilla; al bolsillo / en el bolsillo; a la sala / en la sala; a casa; a la fiesta; aquí a España; a Madrid.   2. en casa; a poca distancia; a la derecha; en la fila; en el bolsillo; a la puerta; al sol; en España; en la playa; en el tuyo.   3. a poco de esto; estamos a 16 de Mayo; a sus amigos; a Roberto; en esta época; en quince días; en el 105; en Mayo; en 1980; no comprende al señor y a la señora.   4. para las vacaciones; para Madrid; para hacer tiempo; para oír música; para el trabajo; por el interés; por una tontería; por el mucho trabajo; por pocos marcos; por la mañana.   5. un día por la tarde, a poca distancia, va en autobús a la ciudad; es para ver a, no están en casa, por el interés, ir al cine; a la puerta del cine pregunta a, por la tarde; para él es igual; da gracias por, entra en el cine para.

13C

1. su pasaporte; mi señora; nuestro equipaje; nuestras maletas; mi amiga; a mi amiga le va bien; nuestro avión; nuestras dificultades; sus conocidos; sus amigas. 2. suyo, el suyo; nuestras, las nuestras; suyo, el suyo; suyo, el suyo; suya, la suya; suyo, el suyo; vuestro, el vuestro; nuestra, la nuestra; suyas, las suyas; suyos, los suyos. 3. le gusta este perfume; no le gusta esperar; le es igual la multa; no le es igual llegar mañana; no me importa llegar más tarde; les importa el negocio; me interesa mucho el trabajo; les molesta esparar; le va bien el negocio; me va bien todo. 4. a la señora no le gusta; a nosotros no nos gusta; a ella le es igual; a su marido le es igual; a ellos no les importa; al campesino no le interesa; a mis amigos no les interesa; a mí me interesa; a los dos les molesta; a mis amigas no les va bien. 5. a mi amigo le parece; a él le es igual; a nosotros nos es igual, a nosotros no nos importa; pero a él no le es igual, a él le interesa, porque le molesta esperar, aquí no le va bien; ¿cómo les va a tus amigas?; les va bien.

14C

1. muy bueno, buenísimo, el mejor; muy mala, malísima, la peor; muy grande, grandísimo, el mayor / el más grande; muy actual, actualísima, la más actual; muy buenos, buenísimos, los mejores; muy malas, malísimas, las peores; muy iguales, igualísimos, los más iguales; muy pequeño, pequeñísimo, el menor / el más pequeño; muy interesante, interesantísimo, el más interesante; muy moderno, modernísimo, el más moderno. 2. mucho más indiscreta; mucho más contento; mucho más entusiasmo; mucho más gasolina; mucho más enfermo; mucho más perfume; mucho mayor / mucho más grande; mucho más enfadado; mucho menos dinero; mucho más loco. 3. Roberto es el que menos; el Tiburón es el que más; el Tiburón es el que más; los pequeños son los que menos; los grandes son los que más; mi mujer es la que más; mi mujer es la que menos; ella es la que más; el equipaje es lo que más; esperar es la cosa que más. 4. más que un deportivo, más de 15 litros; más que su marido, más de un litro; más que su mujer, más de 3 maletas; más que la señora, más de 500 pesetas; más que su amigo, más de tres entradas; más que Roberto, más de 15 días; más que Carmen, más de 10.000 pesetas; más que José, más de 20; más que Carmen, más de 5; más que del otro vino, más de 200 pesetas.

15C

1. vive activamente; vive intensamente; vive lujosamente; vive simplemente; pregunta curiosamente; pide la entrada normalmente; responde claramente; pasea naturalmente; saluda cordialmente; escribe concretamente. 2. tan bien como antes; tan de prisa como antes; tanto como hace años; tan poco como hace años; tan bien como Vd.; tan lejos como el progreso; tan lujosamente como en el futuro; tanto como el que más tiene; tanto como un Mercedes; tan bien como a su amiga. 3. como ahora se vive mejor que; ahora se gana más que; el hombre va más lejos que; el que desea mucho tiene menos que; querer mucho es peor que; uno como éste gasta más que; en alemán hablo menos que; la de ahora vive más locamente que; la empleada mira más curiosamente que; el hombre va más de prisa que. 4. no de prisa sino muy de prisa, se vive demasiado de prisa; no mucho sino muchísimo, gana demasiado; no poco sino poquísimo, hace falta trabajar demasiado poco; no lejos sino lejísimos, vamos demasiado lejos; no mal sino muy mal, usa el progreso demasiado mal; no lujosamente sino muy lujosamente, vive demasiado lujosamente; no mucho sino muchísimo, gasta demasiado; no pronto sino prontísimo, se cansa demasiado pronto; no mucho sino muchísimo, le gusta demasiado; no mal sino muy mal, se entiende demasiado mal. 5. este tipo de coches es el que más; los pequeños son los que más; las prácticas son las que más; el sentido práctico es lo que más; el consumo es lo que menos; los deportivos son los que más; el de esta marca es el que más; Roberto es el que más; su felicidad es lo que más; su infelicidad es lo que menos.

16C

1. se lo bebe; ¿me lo trae?; se los bebe en forma; no nos las garantiza; nos lo explica; te la da; uno no se la compra; ¿me la permite?; ¿no me las hace?; ¿por qué no nos la pone?   2. a mí (a ti / a nosotros / a vosotros) tampoco me (te / nos / os) lo trae; a ti tampoco te los lleva; a nosotros tampoco nos lo explica; a vosotros tampoco os la garantiza; a mí tampoco me la hace; a ti tampoco te lo dice; a nosotros tampoco nos la escribe; a vosotros tampoco os las rompe; a ti tampoco te lo rompe; a mí tampoco me las da.   3. no se lo dan; no nos lo sirve; no se los bebe; no nos lo trae; no nos las explican; no se lo ofrecen; no se lo pagan; no se lo desea nadie; no se las damos; no se lo envías.   4. dármelo; decírnosla; dárnosla; explicármelo; traérmelo; explicármelo; pagármelo; abrírmela; escribírmela; enviármelo.   5. decírselo; explicársela; explicársela; dárselo; pagárselo; solucionárselo; permitírsela; dársela; ponérmelo; arreglárselo.

17C

1. ¿qué trae el periódico?; ¿qué es lo que más le interesa?; ¿qué no merece la pena?; ¿cuál es el criterio decisivo?; ¿cómo se vive?; ¿cuándo se vive así? / ¿cómo se vive hoy?; ¿cuánto gana la gente?; ¿qué está constatado?; ¿qué tendencia / qué se debe acentuar?; ¿cuál es la tendencia actual?   2. ¿a quién / quiénes da Vd. su voto?; ¿por qué elige Vd.?; ¿cómo / por qué medio envía?; ¿a dónde envía?; ¿desde cuándo piensa Vd. así?; ¿hasta cuándo no sabemos?; ¿para qué es este dinero?; ¿por dónde va Vd.?; ¿para qué hace Vd. esto?; ¿por qué se producen?   3. ¿qué noticias trae?; ¿qué criterio necesita?; ¿cuál es su criterio?; ¿qué opinión tienes?; ¿a qué partido eligen Vds.?; ¿qué periódicos leen Vds.?; ¿cuál es el motivo?; ¿qué noticias no le gustan?; ¿cuáles son las respuestas?; ¿cuál es el motivo?   4. los que te gustan a ti; de lo que te gusta a ti; al que te gusta a ti; de lo que te gusta a ti; los que te gustan a ti; por el que te gusta a ti; la que te gusta a ti; la que te gusta a ti; con lo que te gusta a ti; la que te gusta a ti.   5. uno cuyos comentarios; unos cuyas noticias; uno cuya campaña; una cuyos trucos; a uno cuyo criterio; uno cuyo ambiente; en unos cuyos instrumentos; uno cuya línea; por uno cuyo motor; una cuyos modelos.

18C

3. ¿las ha traducido Vd. hoy también?; ¿las ha hecho Vd. hoy también?; ¿ha vuelto pronto hoy también?; ¿lo han sido hoy también?; ¿se ha tratado de algo delicado hoy también?; ¿las ha escrito Vd. hoy también?; ¿han llegado muchas hoy también?; ¿lo han tenido Vds. hoy también?; ¿han comido Vds. a la una hoy también?; ¿han ido Vds. hoy también?   4. ya ha vuelto; ya lo he preparado; ya ha estado; ya se ha marchado; ya lo he leído; ya he votado; ya la ha cambiado; ya lo he constatado; ya lo he cambiado; ya lo he vendido.

19C

1. ni he comido ni comeré; ni me ha gustado ni me gustará; ni lo hemos pedido ni lo pediremos; ni la he bebido ni la beberé; ni hemos elegido ni lo elegiremos; ni han estado de acuerdo ni lo estarán; ni las he leído ni las leeré; ni se lo he dado ni se lo daré; ni me he decidido ni me decidiré; ni ha pagado ni pagará.   2. si la comeré; si lo tomaremos; si lo pediremos; si ganará; si terminará; si lo harán; si cambiará; si lo compraremos; si la tomará; si se acentuará.   3. recomendará pescado; será la paella; tendrán buen vino; nos lo servirán más tarde; lo pedirán al final; hablará de la campaña electoral; se lo dará a; lo sabrá Roberto; vendrá a las 8; serán las 7.   4. vamos a verlo; vamos a empezar; vamos a elegirlo; voy a preguntarle; va a probarla; voy a leerlo; voy a ocuparme de él; van a declararlo; va a entrar; va a entenderse.   5. estaría; estaríamos; se lo recomendaría; lo tomaríamos; las haríamos; nos quedaríamos; vendríamos; querría; lo diría; lo enviaría.

20C

1. viajamos; la hicimos; lo vimos; la hubo; las tuve; me lo dijeron; la probé; pude; la supe; se lo pedí.   2. pero no como fuimos; pero no tantas como hicimos; pero no como lo tuvimos; pero no como las vi; pero tan pronto como nos acostumbramos; pero no como nos gustó; pero no como fue; pero no como quise; pero no como me divertí; pero no como la traduje.   3. ni he llegado hoy ni llegué ayer; ni la ha habido ahora ni la hubo antes; ni se lo he dado ahora ni se lo di ayer; ni he ido ésta ni fui la otra; ni he venido hoy ni vine ayer; ni la he corregido hoy ni la corregí ayer; ni lo he oído hoy ni lo oí ayer; ni le hemos despedido hoy ni le despedimos ayer; ni hemos mentido ahora ni mentimos la otra vez; ni la hemos conseguido ahora ni la conseguimos antes.   4. ¿y qué consiguieron ver?; ¿y cómo se divirtieron?; ¿y en qué hotel durmieron?; ¿y qué les sirvieron?; ¿y cuánta gente murió?; ¿y cómo se sintió?; ¿y a qué partido eligió?; ¿y qué corrigió?; ¿y qué periódico leyó?; ¿y qué noticia oyó?   5. entró en un bar, saludó, fue a una mesa, se sentó y pidió; le dijo «bien», se lo sirvió y el tipo se lo bebió; la escena se repitió; preguntó el borracho; dijo el camarero; no pudo explicárselo.

21C

1. cómo era antes; quién la tenía antes; qué faltaba antes; dónde los había antes; qué pasaba antes; cuándo le interesaba; cuándo merecía la pena; cuándo estaba bien definida; cómo se vivía antes; desde dónde se veía antes.   2. mientras no estaba baja no se veía; cuando había gente no / también se estaba bien; mientras no había sol no hacía calor; cuando no estaba aquí no la tenía; cuando no la conocía bien no me gustaba tanto; cuando no tenían este jefe no las preparaban; cuando faltaba más tiempo no me interesaba; cuando no le conocíamos tampoco merecía la pena; cuando no estaban no me la producían; mientras no los tenía no se me ocurrían.   3. saludaba, iba a una mesa, se sentaba y preguntaba; el camarero se lo llevaba; el se lo bebía de un trago y volvía; se lo servía y el tipo volvía; la escena se repetía; el tipo se bebía; se encontraba siempre borracho y se echaba.   4. que la tenía; que lo era; que los había; que se veía; que se preocupaban sólo de lo suyo; que lo solucionaban de forma provisional; que estaba lejos; que se podía ir; que le gustaba mucho; que era el pescado.   5. cuando hice esto ya había hecho lo otro; cuando volamos a Lima ya habíamos volado a Bogotá; cuando lo continuamos ya habíamos descansado; cuando vimos el del oro ya habíamos visto el prehistórico; cuando salimos ya habíamos visto el lago; cuando volvimos ya habíamos pasado por A.; cuando comimos paella ya habíamos comido entremeses; cuando las hice ya había traducido la carta; cuando llamé ya lo había reservado; cuando di mi voto ya lo había leído.

22C

1. cuando empezó la guerra, estaba; tenía entonces; alguien le detuvo y quería; llevaban a la gente, los tiraban; eso iban a hacer, le salvaron la vida; él tenía una vaquería, le quitaron, pudo volver.   2. cogí una cuando tenía; me dio una vez cuando plantaba; tuve una cuando estaba; me quitaron una cuando tenía; me detuvieron una vez cuando estaba; me la salvaron cuando querían; estuve cuando hacía; la vi cuando iba; descansamos cuando hacíamos; la probamos cuando comíamos.   3. que no quedaban; que fumaba y bebía; que no se recordaba; que le quería; que no le querían matar; que no lo era; que no se veía; que no lo creía; que no la tenían; que no las sabía.   4. hacía esto, hacemos; hablaba de este tema, hablamos; estudiaba esto, estudiamos; preguntaba esto, preguntamos; veía este modelo, vemos; pedía paella, pedimos; jugaba al tenis, jugamos; tomaba chorizo, tomamos; bebía vino, bebemos; empezaba ahora, empezamos.   5. un buen señor que vivía, pensó ir, estaba cerca; tomó el autobús; no encontró; decidió ir; mientras iba para el bar vio, cambió de opinión; llegó, pidió, no se entendió; dijo él; preguntó la empleada; señaló, preguntó cuánto valía, la pagó, la tomó y fue.

23C

1. siendo bueno; siendo práctico; yendo a la escuela; teniendo información; viniendo ella misma; aprobando; sí, comparando; sí, haciendo sol; sí, contribuyendo a la cultura; sí, yendo a tiendas más pequeñas.   2. estudiando; sí, conteniéndolas; sí, sugiriendo algo; sí, haciendo sol; sí, viajando; sí, haciendo el bachillerato; sí estando baja; no, viendo esto; sí, volviendo; sí, yendo para el cine.   3. sí, sigo buscándolo; sí, sigue vendiéndose; sí, sigo dándoselas; sí, siguen gustándole; sí, sigue obteniéndolas; sí, sigue usándose; sí, sigue pidiéndolas; sí, sigue leyéndolos; sí, siguen prefiriéndolo; sí, sigue creyéndola.   4. se está agotando; lo estoy escogiendo; se lo estoy comprando; me los está ofreciendo; me las está trayendo; los estoy viendo; me lo está diciendo; se la estamos pidiendo; la estoy corrigiendo; se la está escribiendo.   5. está agotándose; estoy escogiéndolo; estoy comprándoselo; está ofreciéndomelos; está trayéndomelas; estoy viéndolos; está diciéndomelo; estamos pidiéndosela; estoy corrigiéndola; está escribiéndosela.

24C

1. que se la den; que le acompañen; que le interese; que se la forme; que no la considere; que la ayude; que se agote pronto; que se venda mucho; que le crea; que estudie más.   2. que sea amplio; que me la forme; que esté; que lo busque; que lo compre; que los compare; que lo celebre; que trabaje; que hable con él; que me preocupe.   3. le interese; no me considere; lo deseen; presuma; le operen; los cree; resulte; existan pocas; se preocupe mucho / tanto; se dé cuenta de él.   4. alquilemos; estudiemos; se solucionen; se traten; viajemos; sí, volemos; sí, descansemos; sí, lo intentemos; sí, la dejemos; sí, lo tomemos.   5. nos alquile uno; nos acompañe; nos acostumbremos; nos la preparen; nos reserve uno; nos prometa mucho / tanto; nos las comente; nos responda pronto; nos lo explique; nos las permita.

25C

1. se enteren; la comprendan; lo anuncien; la acepten; la avisen; lo racionalicen; las dirijan; lo usen; lo alquilen; se la formen.   2. salga; lo intente; vaya a pie; venga; la haya; lo vea; lo diga; la haya; venga; apruebe.   3. esté convencido; se produzcan; se lo pidan; se acabe; hablen; la oiga; se encuentre; la pruebe; lo traiga; lo haga.   4. si conocen el problema, ya lo tomarán; si habla de él, ya se convencerá; si desean hacerlo, ya lo harán; si están de acuerdo, ya intentarán algo; si la comentan, ya decidirán algo; si los leen, ya se enterarán; si la conocen, ya lo anunciarán; si viene, ya se prepararán; si hay que ..., ya lo solucionarán; si es así, ya se solucionará.   5. sin que existan; sin que lo tome; sin que salga antes; sin que lo vean; sin que la quiera; sin que la sufra; sin que sea necesario; sin que la pruebe; sin que lo haya; sin que se repitan.

26C

1. debiera; pudiera; quisiera; hubiera; pudiera; debiera; tuviéramos; valiera; pudiéramos; tuviéramos.   2. la cumpliera; llegara; les tuviera; le ayudaran; declararan; estuvieran de acuerdo; lo dijeran; pensaran; nadie los tuviera; condujeran mejor.   3. me llamaran; me la dieran; me lo pidiera; me los cambiaran; me atendieran pronto; me ayudaran; pudiera; la comprendiera; me lo enviara; me lo mandaran.   4. lo diría, si lo supiese; sería cosa fácil, si no fuese fin de semana; se lo arreglarían, si hiciesen jornada de ocho horas; lo continuaría, si se lo arreglasen; pagaría, si lo llevase; estaría tranquilo, si no la tuviese; la cumpliría, si pudiese; no habría problema, si les hubiese; le ayudarían, si declarasen; le ayudarían, si todos dijesen lo mismo.   5. a que dejara su coche, a que saliera un poco antes, a que fuera; desearan e intentaran hacerlo, pero dudo que lo hicieran; no lo harían sin que les obligaran; si viniera otra crisis y nos anunciara el peligro; alguien nos avisara; si no fuera así, nadie querría verlo, antes de que lo sufriera; nadie lo aceptaría, aún a riesgo de que después fuera.

27C

1. no pronuncie; no piense en alemán; no pregunte en alemán; no hable en alemán; no corra; no fume tanto; no los olvide; no llegue tarde; no tome el coche; no viaje con ella.   2. póngalos en práctica; establézcalos; viaje con Iberia; expóngalos; vaya; hable lentamente; reflexione un poco; haga uso de él; póngalo a prueba; preste atención.   3. no me la haga; no me la dé; no me lo anuncie; no me lo comente; no me lo muestre; no me acompañe; no me la sugiera; no me invite; no me la ofrezca; no me lo resuelva.   4. dígaselo; ofrézcaselas; pídaselas; regáleselo; sírvaselo; envíenselo; escríbansela; llévenselo; repáreselo; tráigasela.   5. pregunta, no preguntes; ponlo, no lo pongas; sal, no salgas; dímelo, no me lo digas; óyeme, no me oigas; ve, no vayas; preocúpate, no te preocupes; pídela, no la pidas; resérvalo, no lo reserves; ven, no vengas.

28C

2. es hecha; fueron hechas; eran preparadas; han sido expresados; sería mimada; sería seguido; sería abandonado; será convencido; son analizadas; son mejorados.   3. se habla alemán; se hace huelga; se reparan coches; se hacen fotos; se hacen declaraciones; se venden coches; se compran muchos coches pequeños; se preparan paellas; se tiene buena sangría; se sirve pronto.   4. ha sido recibida; han sido discutidos; han sido comentados; ha sido programada; han sido rechazados; ha sido solucionado; ha sido declarado; ha sido intentada; ha sido mejorada; ha sido obtenido.   5. está recibida; están discutidos; están comentados; está programada; están rechazados; está solucionado; está declarado; está intentada; está mejorada; está obtenido.

29C

1. debe atribuírlas; debe mostrarse; debe decirlo; uno debe creerse; debemos dejarnos llevar; debe llegar; debería entrevistarse; debería ser; debería practicarlo; debería permanecer.   2. llevarla; no, ... no enfadarse nunca; dejarse llevar; llegar; considerarla; hacerla; practicarlos; establecerlos; tenerlo; preocuparse.   3. no dejan de estimarle; no dejo de reflexionar; no dejo de hablar; no dejo de olvidarlos; no deja de necesitarla; no dejan de hacer falta; no deja de haberlo; no deja de resultar; no deja de convenirme; no deja de gustarle.   5. dármela; recomendármelo; decírmelo; acompañarme; esperar; ayudarme; mirarlo; hablar lentamente; preocuparse; contarme algo.

30C

1. dice que llega; dicen que las proponen; dice que se entrevista; dice que tiene lugar; dicen que los discuten; dice que los pone en práctica; dice que la presta; dicen que permanecen sentados; dice que la visita; dice que los soluciona.   2. la dará; los verá; vendrá; lo alquilará; la acompañará; le gustará; se la dará; estudiará; los verá; la habrá.   3. si tiene tiempo escribirá; si nos lo recomienda la probaremos; si nos lo recomienda la tomaremos; si es mejor lo elegiremos; si lo desean lo pedirán; si puede las traducirá; si tiene tiempo llamará; si me decido lo compraré; si me hace falta lo declararé; si me es necesario la pagaré.   4. no le escribe, no sabe; escribe, llama; quieren, es, habla; pueda, tiene, pueda.   5. era natural que no le gustara; era lógico que buscara otra cosa; pero que tenía otro que era muy amplio y esperaba que le gustara; el alquiler era bajo; podía acompañarla a que lo viera, para que se formara una idea de lo que es / era.

Die grammatischen Fachausdrücke und ihre Erklärung

Adjektiv = Eigenschaftswort: das braune Kleid
adjektivisch = als Eigenschaftswort gebraucht
Adverb = Umstandswort: er singt *laut*
Akkusativ = 4. Fall, Wenfall: Er pflückt den Apfel für seinen Bruder
Aktiv = Tätigkeitsform: Der Mann schlägt den Hund
Artikel = Geschlechtswort: der, die, das, ein, eine, ein
Attribut = Beifügung, Eigenschaft: Der alte Mann hat es nicht leicht.
attributiv = beifügend
Dativ = 3. Fall, Wemfall: Die Frau kommt aus dem Garten
Deklination = Nennwortbeugung: Nominativ – der Vater, Genitiv – des Vaters, Dativ – dem Vater, Akkusativ – den Vater
Demonstrativpronomen = hinweisendes Fürwort: dieser, jener
Diphthong = Zwielaut: ei in mein
Futur = Zukunft(sform): Ich werde fragen
Genitiv = 2. Fall, Wesfall: Sie beraubten mich meines Geldes
Gerundium = gebeugte Grundform des Zeitworts
Imperativ = Befehlsform: geh(e)!
Indikativ = Wirklichkeitsform: Er geht nicht sofort
Infinitiv = Nennform, Grundform: backen, biegen
Interrogativpronomen = Fragefürwort: wer, wessen, wem, wen
Inversion = Umstellung: Oft muß man sich selber helfen
Komparativ = Höherstufe (1. Steigerungsstufe): schöner, größer
Konditional = Bedingungsform: Wenn schönes Wetter wäre, würden wir ausgehen
Konjunktion = Bindewort: Der Mann ist unglücklich, weil er nicht arbeiten kann
Konjunktiv = Möglichkeitsform: Frau Schmidt dachte, ihr Mann sei im Büro
Konsonant = Mitlaut: b, d, s
Modus = Aussageweise
Nomen = Hauptwort: der Tisch
Nominativ = 1. Fall: Der Mann kauft ein Buch
Objekt = Satzergänzung: Der Mann schlägt den Hund
Partizip = Mittelwort: gebacken
Passiv = Leideform: Der Hund wird von dem Mann geschlagen
Perfekt = Vollendung in der Gegenwart: Ich bin weggegangen
Personalpronomen: = persönliches Fürwort, er, sie, wir
Plural = Mehrzahl: Kirschen
Positiv = Grundstufe: schön, schöner ...

Possessivpronomen = besitzanzeigendes Fürwort: der, die, das meinige, mein, dein, euer
Prädikat = Satzaussage: Die Frau bäckt einen Kuchen
Prädikatsnomen = Hauptwort als Teil der Satzaussage: Er ist Schüler
Präposition = Verhältniswort: auf, gegen, mit
präpositional = mit einem Verhältniswort gebildet
Präsens = Gegenwart: ich gehe
Pronomen = Fürwort: er, sie, es
reflexiv = rückbezüglich: er wäscht sich
Reflexivpronomen = rückbezügliches Fürwort
Relativpronomen = bezügliches Fürwort: Wo ist das Buch, das ich gekauft habe?
Singular = Einzahl: Tisch
Subjekt = Satzgegenstand: Das Kind spielt mit der Katze
Substantiv = Hauptwort: der Tisch
substantivisch = als Hauptwort gebraucht
Superlativ = Höchststufe bei der Steigerung des Adjektivs oder höchste Steigerungsstufe: am schönsten
Verbalsubstantiv = hauptwörtlich gebrauchte Nennform: das Lesen, das Schreiben
Verbum = Zeitwort: gehen, kommen
Vokal = Selbstlaut: a, e, i, o, u

Sachregister

Die angegebenen Zahlen beziehen sich auf die Seiten

a 67
- Akkusativ mit a 33, 34, 67
- Dativ mit a 67
- Verschmelzung mit el 67
- Infinitiv mit a 107
a condición de que 139
Adjektiv:
- Bildung der weiblichen Form 23
- Pluralbildung 23, 24
- Übereinstimmung mit dem Substantiv 24
- Stellung 24
- Steigerung 78, 79
adónde 67
Adverb:
- Bildung 83, 84
- Steigerung 84, 85
Akkusativ:
- Deklination 33
- mit a 33, 34
- nach hay 37
al 16
anoche 115
anteayer 115
antes de 139
- Infinitiv mit antes de 161
antes que 135
aquel, aquella, aquello 38
a riesgo de (que) 139
Artikel:
- bestimmter 15, 16
- Gebrauch 42, 43
- unbestimmter 16
aún 102
Aussprache 7, 8
ayer 115, 124

bestimmter Artikel:
- männlich 15
- weiblich 15
- sächlich 15, 16
- Gebrauch 42, 43
bien 85
bueno 24
- Steigerung 78

cada 79
caso que 135
cien, ciento 46
cómo 95
como si 135
comprender 107, 108, 113, 119, 128, 135, 144
con 74
conmigo 74
conocer 58
consigo 74
continuar 130
constante 84
creer 125
cual:
- Interrogativpronomen 94
- Relativpronomen 96
cuanto 94
cuyo 96

Dativ:
- Deklination 33
Datum 47
de:
- bildet den Genitiv 33
- Verschmelzung mit el 16
- beim Datum 47

– nach millón 47
deber 145
decir 33, 62
demasiado 84
Demonstrativpronomen 38
del 16
de que 95
después 161
donde 67

el 15, 18
– vor weiblichen Hauptwörtern 19
empezar 42
en 67, 68
Endungen:
– der Substantive 19, 20
– der Adjektive 23, 24
escribir 107, 108, 113, 119, 128, 135, 144
ese, esa, eso 38, 57
es facil que 139
es natural 135
es necesario 135
esperar 107, 108, 113, 119, 128, 135, 144
es posible que 139
estar 28, 33, 36, 37, 140
– Präsens 28
– Gebrauch 36, 37
– Konjunktiv 140
este, esta, esto 38, 58, 102

feminin 19
Futur
– 1. Futur 106, 107
– 2. Futur 107

Genitiv
– Deklination 33
Genus der Substantive 18
– maskulin 18
– feminin 19
grande 24
– Steigerung 78
Gerundium:
– Bildung 128, 129
– Gebrauch 129, 130
Grundzahlen 46, 47

hace 115
hacer 62
haber 33, 140
– Präsens 101
– Perfekt 101
– Konjunktiv 140
– Bildung des Partizip Perfekt mit haber 101
hay 36, 37
historisches Perfekt 112, 114, 115
– historisches Perfekt und Imperfekt 124, 125, 145
hoy 100

Imperativ 150, 151
Imperfekt 118, 119, 124, 125
– Konjunktiv 144, 145
– und historisches Perfekt 124, 125, 145
indirekte Rede 165, 166
Infinitiv:
– Infinitiv Perfekt 162
– reiner Infinitiv 159, 161
– mit Präpositionen 160
– Stellung der Personalpronomen 63
– Umschreibung des Futur mit Infinitiv 107
Interrogativpronomen 94, 95
ir 33, 119, 130, 140
ir a 107

jugar 42

Konditional:
– Konditional I 107
– Konditional II 107, 108
Konjunktiv:
– Präsens 134, 135, 138, 139, 140
– Imperfekt 144, 145
– nach si 145
– Plusquamperfekt 146
– indirekte Rede 166

la:
– bestimmter Artikel 15
– Personalpronomen 56
las 19
– bestimmter Artikel 15

– Personalpronomen 56
lejos 84
le, les 56, 57
lo:
– bestimmter Artikel 15, 16
– Personalpronomen 56
loco 84
los 20
– bestimmter Artikel 15
– Personalpronomen 56

mal 24, 85
malo 24
– Steigerung 78
más 78, 83–85
maskulin 18
medio 42
mejor 78
menos 48
mientras que 139
mismo 79
Monate 47, 48
morir 102, 129
mucho:
– Steigerung 78
– Adverb 83–85
muy:
– Steigerung 78
– Adverb 83–85

nada 52, 79
nadie 52
Negation 51, 52
– mit sin 161
ni ... ni 51
ningún 52
no 51–53
Nominativ 29
nuevo 24
nunca 52, 102

oír 33
Ordnungszahlen 47
Ortsangaben 67, 68

para 68, 96
– Infinitiv mit para 161

para que 135
Partizip Perfekt 101
– unregelmäßige Partizipien 101
– bildet das Passiv 155
pasado 115, 124
Passiv 155, 156
pedir 63
pensar 125
pequeño 24, 78
Perfekt 100–102
– historisches 112–114, 124
– Infinitiv Perfekt 162
Personalpronomen 29
– im Nominativ 29
– unbetont 56, 57, 61, 62
– Stellung beim Infinitiv 63
– nach Präpositionen 73, 74
– betont 89, 90
– zusammengesetzte Formen 89, 90
– beim Gerundium 130
Pluralbildung:
– der Substantive 19, 20
– der Adjektive 23, 24
Plusquamperfekt 120
– Konjunktiv 146
poco 79, 85
poder 42, 129, 145
pobre 24
por 68, 69
– beim Passiv 156
– beim Infinitiv 161
Possessivpronomen 72
– unbetont 72, 73
– betont 72, 73
Präpositionen 67–70, 73

Präsens:
– ser und estar 28
– regelmäßige Verben 28
– haber 101
– Konjunktiv 134, 135, 138, 139, 140
probar 109
Pronomen:
– Personalpronomen im Nominativ 29
– Personalpronomen unbetont 55–57
– betont 89, 90
– zusammengesetzte Formen 89, 90

- Reflexivpronomen 62, 74, 89, 90, 95, 96
- Relativpronomen 95, 96
- Interrogativpronomen 94, 95
- Demonstrativpronomen 38
- Possessivpronomen 72, 73
- unbetont 72, 73
- betont 72, 73

puro 84

que (qué) 79, 95
- Interrogativpronomen (qué) 94, 95
- Relativpronomen 95, 96
- beim Konjunktiv 134, 135
- Steigerungs- und Vergleichsform 79

querer 42, 125, 145
quien 96

reflexive Verben 61, 62
Reflexivpronomen 62, 74, 89, 90, 95, 96
- nach Präpositionen 74

reírse 63
Relativpronomen 95, 96
resolver 102

saber 140
se:
- „man" 62, 156
- Stellung vor Pronomen 89

seguir 85, 86
ser 28, 36, 119, 140, 143
- Präsens 28
- Gebrauch 36, 37
- Konjunktiv 140
- bildet das Passiv 155

servir 90
sin 139
- mit Infinitiv 161

sinque 139, 140
solo 84
Steigerung:
- des Adjektivs 78, 79
- des Adverbs 84, 85

Substantiv:
- Geschlecht 18
- Endungen 19, 20
- Pluralbildung 19
- Deklination 33

tampoco 52
tan ... como 78, 84, 85
tanto ... como 85
tener 43, 145
todavía 102

Uhrzeit 48
un:
- unbestimmter Artikel 16
- Zahlwort 46

una 16, 46
unbestimmter Artikel 16
uno 46, 47, 62
unos, unas 16
usted 29

valer 145
venir 130
ver 119
Verben:
- Endungen 130
- unregelmäßige 33, 41, 58, 63, 80
- reflexive 61, 62

Vergleichsformen des Adjektivs 78

Wortstellung:
- Adjektiv 24, 73, 74
- beim Infinitiv 57, 63
- Interrogativpronomen 74
- Possessivpronomen 73
- Reflexivpronomen 74
- Relativpronomen 95, 96

ya 102

Zahlwörter:
- Grundzahlen 46, 47
- Ordnungszahlen 47

Zeitangaben 48
- mit a 67–69
- mit per 69
- beim Perfekt 102
- beim historischen Perfekt 114, 115

Zeitenfolge 165, 166

Langenscheidts Taschenwörterbuch Spanisch

Unter Berücksichtigung der Lateinamerikanismen.
Teil I: Spanisch-Deutsch, 544 Seiten.
Teil II: Deutsch-Spanisch, 512 Seiten.
Beide Teile auch in einem Band.

Dieses handliche und doch umfassende Wörterbuch bietet mit rund 80 000 Stichwörtern und Wendungen in beiden Teilen den modernen Wortschatz der Umgangs- und Fachsprache.

Langenscheidts Spanisch fürs Gespräch

Dieses moderne Konversationsbuch vermittelt die notwendigen Kenntnisse und die sprachliche Sicherheit für eine gute Unterhaltung auf spanisch. Es enthält Redewendungen und Argumente nach Sachgebieten geordnet und ist leicht verständlich durch spanisch-deutsche Paralleltexte. Langenscheidts Spanisch fürs Gespräch eignet sich für das Selbststudium und für die Reise, für jeden Spanischlernenden mit Vorkenntnissen.

Langenscheidts Reise-Set Spanisch

Die ideale Kombination: Sprachführer mit Reisewörterbuch + Hör- und Übungscassette.

Im Sprachführer finden Sie alle wichtigen Redewendungen, Fragen und Wörter, die Sie im Urlaub brauchen – nach Sachgebieten geordnet. Im Anhang sind die wichtigsten grammatischen Regeln für jeden verständlich zusammengefaßt. Darüber hinaus enthält der Anhang ein **deutsch-spanisches Reisewörterbuch** mit über 3500 Stichwörtern.

Die Begleit-Cassette enthält die wichtigsten Redewendungen – mit deutscher Übersetzung zum Einprägen, mit Nachsprechpausen zum Üben der Aussprache.

Langenscheidts Grundwortschatz Spanisch

Bearbeitet von der Langenscheidt-Redaktion unter Mitarbeit von Marina Dueñas de Haensch.

336 Seiten, Format 11,8 × 18,5 cm, Plastikeinband.

Ein nach Sachgebieten geordnetes Lernwörterbuch mit Satzbeispielen. Langenscheidts Grundwortschatz mit 3000 Grundwörtern und 4000 Wortgleichungen hat drei große Vorteile: Man lernt im sinnvollen Zusammenhang eines Sachgebietes, mit Satzbeispielen, nach Wichtigkeitsstufen. Das ideale Hilfsmittel zum erstmaligen Erwerb eines Grundwortschatzes, aber auch zum Wiederholen und Festigen.

Langenscheidts spanische Lektüre

Cuentos Españoles (Bd. 36), Lecturas Amenas (Bd. 58), Rodando por España (Bd. 65)

Jeder Band ca. 120 Seiten, Format 11 × 18 cm, kartoniert-laminiert.

Diese Bände enthalten Reiseberichte, Gespräche und Kurzgeschichten. Sie sind zweispaltig angelegt und besonders lesefreundlich: direkt neben dem Text sind alle weniger bekannten Vokabeln erläutert und übersetzt. Das Richtige für jeden, der seine spanischen Sprachkenntnisse auffrischen und erweitern will.

Langenscheidt ... weil Sprachen verbinden